クラブ文化が人を育てる

学校・地域を再生するスポーツクラブ論

荒井貞光＝著

大修館書店

クラブ文化が人を育てる——目次

第2章　クラブの時代……49

第3章　クラブの機能論……105

序章

みんなクラブが好きなのに

「クラブ文化という言い方、初めて聞くけど」

「そう、スポーツ文化という言い方は、だいぶポピュラーになってきた。スポーツ文化という言葉のなかに、それをベースで支えるクラブやチーム、サークルが入ってるという説明が一般的だった。けれど、サッカーや個人のマラソンにしたって、それを支えるベースの集団の有り様で、全く違う関わり方やスポーツをする意味や気分になるんじゃないかな」

「いまひとつ、わからんね。分ける意味がさ」

「うーん、じゃ、この例えはどうかね。二段の幕の内弁当があるとする。上の箱は彩り鮮やか、エビフライ、焼売《しゅうまい》やら、まあ、定番だけど、そうそう、抗酸化の緑黄色野菜なども賑やかに並ぶんだね」

「うん、食いたいよ、買おうじゃないの」

「だろ、大概の人はおかずの箱だけチェックして買うんだね。大事なのは下の箱、ごはん類の塩梅《あんばい》なんだよ」

「ええっ、そう言われても、みんな同じでしょ、ごはんは、さあ」

「いや、違うね。おんなじと見なす、そこんとここそ、問題なんだ。極端に言えば、上のおかず箱は、戦後から高度成長、バブル、不況の今まで一貫して、お数《かず》、つまり、スポーツ種目の数、イベントやメディアの数ばかり次々増やし、見た目も楽しさ満杯のメニューがつくられてきたんだよ。それに比べると、ベースの箱のほうは、ほとんど手がつけられることなく伝統的なチームや部活、協会や連盟が仕切ってきたんだね」

「なるほど、上の箱が中身、底が仕組み、中身に比べて仕組み、つまり、構造が変わらなかった、そう言いたいんでしょ」

「ピンポン、ありゃ古いな、うん、そのとおり。僕らもスポーツ教室からクラブを作ったり、クラブを兄弟化したり、そして、今は総合型地域スポーツクラブが流行ってるんだね。しかし、そこで、コアになるクラブとは何かというと、ヨーロッパ型のクラブやアメリカ型のクラスをつぎはぎ輸入したに過ぎず、クラブの本質や機能のイメージはほとんど膨らまずに、ここまで来ちゃったんだなあ」

「チームとクラブは違うなどと、ずいぶん前から言ってたじゃないですか」

「うん、まあそれくらいしか、集団論は進化してないんだね。ところが、部員やクラブのメンバーは、この弁当二重箱論を実感としてしっかりわかってるんだ。この表1のデータを見ても、スポーツが得意な高校生でも、練習中のスポーツとそれ以外の時空間、つまりクラブを違うものとして区分し、それぞれ分けて評価してるんだね」

「確かに、民間のクラブも、ひところの活気はないね。やめたり来なくなったりした人に聞くと、『テニスは好きだけど、クラブの雰囲気がねえ』などと

［表1］練習・部生活の楽しさ（%）

練習も部生活も楽しい	練習は楽しいが部生活は楽しくない	練習は楽しくないが部生活は楽しい	練習も部生活も楽しくない
48.9	29.8	7.5	13.6

※全国の体育科・コースのある高校50校の専攻生徒2149名のアンケート
※荒井他「高等学校体育科・コースに関するアンケート」1999年

言う人が多い。僕らも体育系の学部出身だけど、テニスのスイングや筋トレの勉強はしたけれど、クラブのムードづくりの科目はなかったなあ。うん、チームワークについてはテキストがあったが、クラブとは何かなど、考えもしなかったよ。そう、スポーツは楽しいもの、とにかく楽しく教えるもの、そういうことだけは教わったかな」

「いや、そういう感覚が問題なんだよ。楽しけりゃ、すべていいか、そんなもんじゃないんだよ、スポーツの世界はさ。表2はややこしいデータだけど、クラブ、学校では部活だね、それによく適応参加している生徒ほど、暴力やたばこなどについて、それは非行だという判断をしているというものだよ」

「はあ、クラブ文化の教育力というのは、そこらを言ってるわけか。なんか、古すぎないかね」

「古い、新しいじゃあなく、クラブという集団の

［表2］参加パターンの違いと非行認識

パターン＼差	パターンAとDの間に有意差が強くある（0.001＜P＜0.01）		パターンAとDの間に有意差が少しある（0.01＜P＜0.05）		パターンAとDの間の有意差はない（0.05＜P）	
パターンAの方が「非行にあたる」と思う数値が高い行動	バイク	65.9	買い食い	9.9	セックス	21.8
	暴力	60.5	家出	16.7	喫茶店	4.8
	たばこ	55.4			万引き	82.2
	酒	48.7			シンナー	84.1
	金のもちだし	42.3			金かしかり	14.2
	授業をさぼる	36.1				
	深夜ぶらつく	35.5				
	外泊	27.9				
	パーマ	21.2				
	化粧	15.1				
	服装違反	13.9				

※数値は%、「非行にあたると思う」の答え
※パターンAは加入・適応の生徒、パターンDは加入・不適応
※荒井他「現代スポーツの社会的機能に関する基礎調査(1)——中学生にみるクラブ参加と生活行動」1999　広島県体育協会スポーツ科学委員会

ベースにはコード、基軸があるということだよ。コードレスになった集団はメンバーにとって手応えを失わせ、そう、いらつかせるんだね。クラスや学校、地域、そうして家庭をも攻撃の対象にさせてしまってる、そう思うんだけどね」

「確かに、古い、古くないと一人ひとりがぶつかりあう軸自体がなくなったんだ。重箱の上の箱の楽しさモードを上げることばかり考え、ベースの集団をいじらずにきたことが、ここにきて企業スポーツ、学校スポーツの崩落現象につながったというわけか。なるほど」

「君だって中学からずっとクラブをやってきたじゃないか」

「うん、そう言われると、自分のキャラもクラブのつきあいの中でつくられてきた気もするよ。嫌なときも多かったけどさ。うん、嫌なとき、嫌なやつを経験する場は、今じゃクラブのつきあいくらいかもしれないね」

「そうだよ、生徒にしたって、教師にしたって、ホンネではクラブを大切な文化と思ってる人は多いんじゃないか。それなのに、上のおかずの箱ばかりに指導の目がいくから、ベースのクラブはクラブとしての膨らみをなくし、今やチームとクラスばかりになってしまった。クラブの文化論をやることは、ベースの箱づくりにつながる――それがこの本の狙いなんです」

「なるほど、みんなクラブが好きなんだ。これがホンネだね」

第1章

スポーツを「集団」から読む

1 集団とスポーツ

●集団とプレイヤー

スポーツの世界は、一人では成り立たない。「チームメイト」とか「パートナー」、「コーチとプレイヤー」「レギュラーと控え選手」など、さまざまな社会関係が取り結ばれる世界である。関係をうまく操作できる選手や指導者は充実したスポーツライフを送り、逆の場合はスポーツの世界からのドロップアウトのみならず、人生そのものからも逸脱しかねない。集団のプレッシャーは、うまくいけばプレイヤーの能力と自信を増すが、時には残酷なまでに彼や彼女、指導者をも叩きのめす場合もある。

ゲームの場面にしても、自軍のチームのゴールが決まり劇的なゲームセットのドラマに立ち会うときがある。しかしそのシーンはあくまでも結果であり、そのシーンが発現するまでの過程でレギュラー選手と控え選手との衝突、監督のリーダーシップとメンバーとの駆け引き、上級生のチームと下級生のチームとの反目など、それらを巧みに、あるいは幸運にクリアしてきた集団だけがハレのチームプレイが決まるのである。

スポーツの世界が集団から構成されているという事実は、サッカーやバレーボールなどのチームスポーツに限られたことではない。

世界レベルでパフォーマンスを競う日本の女子マラソンにしても、個人種目ではあるが合宿生活のスタッフや選手間の人間関係から始まり、レース本番中の日本人選手同士のチームワーク、例えば給水ポイントでのドリンクの手渡しや有望選手のためのブロック（人間壁！）の組み方などで成果が決まるという。

二〇〇一年カナダのトロントで行われた世界陸上では、マラソン種目の中に同じ国の選手の順位のトータルで国別の順位をつける種目があり、日本女子はロシアに三分二十四秒差をつけ、アテネ、セルビア大会に続き三連覇している。マラソンにも団体戦があるのだ！ テレビに映るシーンは、たとえ独走状態、ぶっちぎりで走っていても、その背景にはさまざまなレベルとタイプの集団を背負いながらの走りということになる。

●集団の中の集団

スポーツのパフォーマンス――金メダル獲得や体力づくりのプログラムには、科学のメスがずっと入れられてきた。今では信じられないが、一九六四（昭和三十九）年の東京オリンピックで日本は実に十六個もの金メダルをとっている（バルセロナ、アトランタの大会では三個ずつ、シドニーでは五個）。スポーツの生理学やコーチ学に加えて、「あがり」を克服すべく心理学にも初めて脚光が当たった。しかし、それらはあくまでプレイヤー一人ひとりの肉体や精神へ科学のメスが入ったのであって、そこには集団という視点は入っていなかった。集団の中に科学のメスを入れるというのは、一人ひとりの選手のデータを測定したものを足せばそれでOKとはいかない。集団の中の社会関係は、足し算、引き算、かけ算、そして割り算もあって、着手しにくかったのである。

それでもスポーツ集団の中の社会関係を測定し法則化しようとした試みは少しはあった。「小集団研究」といわれるもので、J・L・モレノというアメリカの社会心理学者が開発したソシオメトリーの測定法を用い、集団の中の、今風にいえばネットワークをパターン化し、それと競技成績や人間関係力の相関関係をみている。例えば、チームがキャプテンをコアとして一極化できている場合は強く、チームの中に複数のネットワーク集団が見られると強さは弱まるという法則を多くのデータから導き出したものであった。

体育やスポーツの学会や研究会でこのことが報告されると、「いや、それはどうか。勝っているチームだからキャプテンのもとに人が集まるという関係の方が強いのでは」という質問、反論が常に出された。当時の、今から数十年前の統計技術では因果関係をデータの中に特定するパス解析の手法などはなく、討論はいつも不完全燃焼のままに終わったのだった。

スポーツの世界は、「格づけ」が容易であり、シビアだ。一位は一位、二位は二位。「なぜ勝てたのか」と問題を絞りやすく、「どうすれば勝てるか」に一気に議論はヒートアップする。グルグルと現象的な因果が循環する社会学的なメスの入れ方にはチャンピオン・スポーツの世界からの調査研究の要請はなく、チャンピオン至上の体制をイデオロギッシュに批判するに留まっていたのであった。

●集団の外の集団

東京オリンピックの金メダル十六個の中で、視聴率八五%と最も多くの人が注目したのが、女子バレーボールの「金」である。テレビの中の大松博文監督が胴上げされるときの躊躇の仕方、女子選手の顔をおおって泣く仕草には、今の選手の「めっちゃ、くやしいですぅ」などという弾けるばかりのストレートな身体表現とは、隔世の感、文化差すら覚えるほどの違いがある。

そのときの男子バレーは、銅メダルである。次のメキシコで銀、そして一九七二（昭和四十七）年、選手村がテロにより血ぬられたミュンヘン大会で金と、実に「銅」「銀」「金」と三段跳びするチームを引っぱったのが松平康隆監督であった。一九九三（平成五）年九月、その松平氏に広島市内の講演の中で教えられたことがある。

スポーツ集団を強くするには、内側の集団力を高めるのと同じくらいに、外側の集団を利用、活用した方がいいという教えだ。「男子チームを強くするために、まず周りから見られているという環境をつくった」と言う。チームが練習する場合にも、ファンやマスコミを集めスタンド

クラブの年間計画の中に、地元チームのビッグゲームの応援を入れたい。「やる気はその気から」だ——サンフレッチェ、ホームゲーム、広島ビッグアーチ、1994年

の観客を多くすることに気を使ったというのである。

ナショナル・レベルのプレイヤーならば、見られているという視線の圧力がプラスに作用するのだろう。また、「勝てばファンが集まる」というのは常識であるが、松平流の逆転の発想、「ファンを集めれば勝つ」のメッセージには目から鱗であった。

やはりそのころ、中国系アメリカ人の社会学者チャールズ・C・ウォン氏（当時・山口大学助教授）を広島市民球場に案内した。日米のファンの比較をしたいという。そのとき彼が「応援団は十人目のプレイヤー」と言ったとき、「スタンドプレイ（目立つこと）は悪徳だ」という日本流の負の言葉解釈をプラスの言葉に転換しなければと思ったものだ。

スポーツ集団の外側に存在する重要な集団

として、ファンやサポーター、マスコミ集団は外せない。今の時代のチームやプレイヤーのパフォーマンスは、外側のファンやマスコミ集団により影響を強く受けやすい。ファンやマスコミの社会学的分析は、これからである。

●ベースの集団とは

本書の執筆目的は、スポーツ集団――Jリーグのプロチームやインターハイに出場するような高校選手やチーム、あるいは地域の健康志向のグループやボランティアで運営するスポーツクラブ、職場の中の趣味やスポーツのサークルについて、それらの集団の本質を規定してきたと思われる基底（ベース）の集団を探し出すことにある。

集団の社会学という切り口からすれば、マルクス流の基本パラダイム「上部構造は下部構造に規定される」をもじり、「上部集団は下部集団によって決められる」、さらにそれをパロって、「集団は基底集団によって規定される」ということになろう。一般的な集団論の知見に従えば、単なる参加型の所属集団か、生き方の指針になる帰属ないし準拠集団なのかという問答に近い。つまり、目の前の集団を本質的に規定している基底となるベースの集団があるのではないか。その集団を探し出し、そこを変えない限り、集団と社会の再生はありえない――そう思うのである。

スポーツ集団をフォローする作業ではあるが、ベースの集団を探していくと、教育や政治の世界の集団とかぶってくる。ベースになる集団がそこでは反転するかもしれない。スポーツ集団が社会のもろもろの集団のベースの集団になっている可能性もかなりある。

スポーツはよく言われるように、政治や経済を超える中立性や神聖性が望まれる文化である。中立、神聖とみなされやすいからこそ、さまざまなエージェントにより利用、活用されるのだ。神聖視されるスポーツだからこそ、営利集団や政治集団が活用、利用するのだ。しかし正しく言うと、スポーツがそういうパワーを発揮するのではなく、スポーツ集団の有り様が、さらにはスポーツ集団のベースをつくる基底集団が、政治や教育の世界を構成するベースの集団と深いレベルでリンクしているからではないか。そここそを問題にすべきと思う。

その国の文化や精神の底を探る人間行為こそ、社会系学問の真骨頂であろう。ムラ的共同体や自我や個人の欠如を指摘した日本社会論や日本文化論は、文化や精神の底を掘るものであったかもしれない。しかし、社会と個人をつなぐ集団の有り様への探り方が弱かった分、社会系学問が単なる解釈や外国人学者の文献引用に留まり、現実の問題、課題に切り込み変革するムーブメントに接続していかない要因ではなかったか。

さらに、スポーツや遊びは伝統的に社会系学問の対象外にされてきた。しかし、スポーツの世界が構築したベースの集団は、社会を構成する重要な規定力をもってきた。ここでいうベースの集団に近い思考モデルとして、中根千枝氏の「タテ社会」[*1]論がある。すなわち体育会系の集団を説明する場合、社会関係はタテであり、ソトとウチの区分が強い同質の集団ということになる。

しかし、何かもの足りない。スポーツや文化の世界の集団論はそんな単純なものではない。グルグルの循環論法の気配もぬぐえない。タテ社会を規定しているベースの集団は何かという考察こそが必要なのではないか。

次項では、文献、資料を通して、目にし耳にしてきたさまざまな集団を時間軸に沿ってフォローしつつ、ベースの集団をピックアップしたい。

2 倶楽部の時代

●わが国で初めてのクラブ

「クラブ」という言葉から始めよう。この言葉はもちろんイギリス英語として、明治初年、わが国に入ってくる。正しくそれがいつなのかは議論が分かれるが、一般的によく使われるクラブ・スタート論は、明治四十一年、石井研堂という博学にして万巻の書を著したという編集者の『明治事物起源』という大著の中の「クラブの始め」という記述から引用されることが多い。それによると、東京における「社交クラブの矯矢《こうし》なるべし」として、一八七二（明治五）年九月の「報知」第十九号に、西村勝三、伊東幸三などが「欧州の法に倣ひ〈ナショナルクラブ〉の一社を建設したき旨を、東京府に願い出でたるに、官其意を嘉し、四月下旬其の建設敷地として、築地元土州邸を許せし旨」*2という事実があったという。

ここではすでに「社交クラブ」という表現を用いてはいるが、当時用いられた「社交」という言葉にはどういう意味が含まれていたのだろうか。「社」は神社の「社《やしろ》」であり、そこでの交わりとして解釈すると、すぐに思いつくのは村や町の祭礼のときの人出や行事の集いの有り様である。多分に、人々は「ハレの日」の装いと気持ちで出かけただろう。クラブとは、そういうハレの日の集合の場所として受けとめられた可能性は高い。今風に言えば、コミュニティーの中のシンボル的なハコ物とでもいうところだ。

『明治事物起源』の「クラブの始め」で次に出てくるクラブの記述は、福沢諭吉の建てた「万来舎」という建物が挙げられている。「去るに送らず、来るに迎へず、議論をすべし、談話妨げず」等々と建設主の福沢諭吉翁の自由の精神が唱われている。そして「貴賤貧富の別なく」とオープンな精神が特に記されているのも興味深い。しかし、数年後に建て替えられた万来舎では、そこに出入りする人は慶応義塾系の人が多いと批評されている。学閥とクラブはつながりやすいのかもしれない。ともかく、クラブは議論や談話を活発に行う言論のセンターだったこと、そもそも議論を行うこと自体が近代化の象徴であり、それが奨励される必要があるほど、クラブも議論も当時の日本人にはほとんど縁がなかったのである。

●地方のクラブのがんばり

わが国のクラブの歴史論になると、どうしても「東京」の話にならざるを得なかった。彼のナショナル・クラブがどういう建築物であったのかは知られていないが、おそらくこれまでの和風建築とは異なる、ハイカラ、今で言えばランドマーク的な建物だったろう。では、地方にはクラブはなかったのか。

表3は、広島にある中国新聞社の前身「芸備日々新聞」の明治以降のスポーツ記事や娯楽記事の切り抜きの作業をしたときのものである。「祭り」や「スポーツ」「娯楽」などの区分の下に、明治年間を通じて紙面に出てくる関連記事をリストアップした（新聞だけでなく広島県史や警察史までリストアップの対象とした事情もあり、広島地域の社会集団とは限定できないかもしれない）。

群や会や社がつく集団

［表3］各種社会集団の発足時期

明治初年代		明治30年代	
5年	組合結成の条則	31年	府中倶楽部
7	蛙鳴群	31	学士倶楽部
		31	学生倶楽部
明治10年代		32	少年倶楽部
11年	集会取締規則	33	広島教員倶楽部
16	法律研究会	36	広島軍人倶楽部
17	先善社	36	広島海員倶楽部
		36	広島双輪倶楽部
明治20年代		37	呉交友倶楽部
20年	広島倶楽部設立趣意書	38	高師同好会
20	備後14郡有志懇親会	38	体操研究会
21	民有倶楽部		
22	自治制研究会	明治40年代	
22	備後倶楽部	40年	逓友倶楽部
22	斉民社	40	広島記者倶楽部
22	御調倶楽部	40	自制会
22	安芸倶楽部	41	市友倶楽部
22	豊田倶楽部	41	広島運動倶楽部
22	南豊倶楽部	41	広島体育会
22	良民倶楽部	42	泰麻倶楽部
22	甲奴倶楽部	42	山陽倶楽部
22	高田倶楽部	42	監獄倶楽部
22	尾道倶楽部	42	芸備農民同志倶楽部
22	広島商工倶楽部	42	七登勢倶楽部
23	尾道商業倶楽部	42	婦人くらぶ
23	政社法により6倶楽部解散		
25	厳島倶楽部		
25	囲碁倶楽部		

（芸備日々新聞、明治期、広島県史、近代現代資料編Ⅰ、広島県警察史）

設立の後、一八八七（明治二十）年に「広島倶楽部設立趣意書」という長文の檄文《げきぶん》が紙面を飾る。二十年以降にいろいろな倶楽部が広島市だけでなく広島県内の市町に続々とできたことが紙面から窺える。同年三月十七日の「芸備日々新聞」に載った倶楽部の設立趣意書をみよう。

●倶楽部による文明開化

これまで行われてきた会合を「一部局の人々が酒池肉林の闇に快楽を極めている」と痛打し、これからの会合は「必要なる知識を交換し交博際とする」、その具体的な解決法として「真に交際の公益を見るのは如何なる方法を以ってせばすなるか。『クラブ』即ち公会場を設けて、常に斯処に相会同し又、大会を斯処に開く」と明言している。また東京や大阪のクラブ開設に遅れることは許さずとばかり、「抑も広島区は人口ほとんど八万の近く四通八道の地にして出入頻繁なる一都会なれば僅かに一の『クラブ』を設くるに何の難きことかあらん」と激励しているのである。

要するに、東京や大阪の文明開化――欧化ぶりに負けてはならぬ、広島の恥と、血気盛んな論調である。当時の広島の壮々たる人物が名を連ね、各界のトップリーダーたちの交流の場、異業種交流が華やかに、というより使命感を帯びつつ、議論を、時に酒宴のプログラムも繰り広げられたかと思われる。

フェミニズム的批判をすれば、男子会員が大部分、女性の世間参加を押し止めたクラブということになろう。おそらくメンバーシップ制をとっており、今のライオンズ・クラブとでもいえる団体で、その土地の名士が名を連ね、政治や経済、教育にわたる問題を議論しつつ、地域の人々を啓蒙する意気が高かったと思われる。倶楽部という言葉の中には「楽」という語があるが、果たして「楽しむ」というムードがそこにあっただろうか。東京の倶楽部の中にも社交という社会関係がどれだけあったかは疑問だが、地方の場合、中央へのキャッチアップという切実な使命を帯びて諸問題をホットに考え論ずる度合はより強く、大都市がクラブを建物として現実的に見るのに対し、地方のクラブは、地域の人々を啓蒙し、地域の統合の要となるような精神性がより強調されるものではなかったろうか。

●西欧のクラブの原型

明治のリーダーたちがそれほどにこだわったクラブとは、本家西欧ではどのように受けとめられていたのだろう。

最も古いクラブについての説明を挙げるとすれば、『ブリタニカ百科事典』の中のクラブの項に、古代のローマにおける真のクラブは大浴場であったという記述がある。この場合、ローマ時代にはすでにクラブという言葉があったのか、それとも『ブリタニカ』の執筆者が浴場の人々の交流の様子を象徴的に記述するのに、のちの時代のクラブという語を当てたのかは不明である。明治においてわが国でも湯屋の二階をクラブと呼んでいた事例も認められ、クラブ＝公衆浴場論には、クラブの本質を象徴する何かが自ずと含まれているかもしれない。

　西欧のクラブの原型として最もよく出てくる事例は、やはりイギリス、特に十八世紀を中心とする各種のクラブである。イギリスはスポーツの母国であるし、同時にクラブの母国でもある。この点が重要である。クラブの前身ともいえるコーヒー・ハウスと関連づけながら、クラブの文学的、政治的機能を当時の文献を通して明らかにした小林章夫氏の『クラブ　一八世紀イギリス——政治の裏面史』[*3]によれば、スタート時は公衆に開かれ、政治的発言、文学的風刺を精力的に行っていたクラブも、十九世紀には閉鎖的に、そして「時代、社会に向けられていた風刺の毒は消え、人畜無害な純粋の社交組織、男たちの避難所、そしてまさに『倶《とも》に楽しむ部』として生き続けていた」と総括されている。

　問題はクラブがわが国に入る明治の初年のころ、クラブを初めて紹介する横浜や神戸の居留地の外国人がイギリスの開放的で政治的なクラブを範としたのか、それとも閉鎖的で非政治的に変質したクラブをモデルとしたのか。また、イギリスへの政府派遣の留学生や役人はどちらを体験して持ち帰ったのかである。イギリスといっても、クラブに関する史実はほとんど首都ロンドンでの観察によるものである。クラブより下位の市民たちの集うパブ（公衆酒場）にしても、ロンドン市内のものだ。ロンドン以外の地域でのクラブに類する研究書はあるのだろうか。要するに、ロンドンのクラブが十九世紀後半の明治の東京に入ってくるのである。

●日本のクラブの原型

クラブという名の社会集団は、明治前半期に東京（横浜、神戸など外国人居留地には早く入り、しかも現在まで続くクラブがある。例えば一八六八年に設立されるYokohama Country & Athletic Club）に入り、欧米や東京に負けず文明開化に乗り遅れじという熱情は、地方の中枢都市に倶楽部の立ち上げを実現させていく。これを受容する日本の社会には倶楽部の本質につながる、また類似の集団はなかったのだろうか。

先に示した表3をみても、倶楽部という集団の前に「社」や「会」という集団があったことがわかる。さらにさかのぼり、また最近まで存続している名称として「連」や「組」が挙げられ、鎌倉時代までいくと悪「党」と呼ばれる集団が社会不安（元寇の乱）に乗じて勢力を拡大したと言われている。

近世の社会史を専門とする佐々木高明氏によると、社会秩序が確立するにつれ、党に替わって連、社、組がメジャーになり、その性格について「連や派や社というのは、例えば歌舞伎の『手打ち連』のように一種の「サークル」だと規定されている。[*4]ここでいうサークルという集団をどう理解するかだが、先の時代の党の場合、家からも一族からも脱け出た文字通り悪党同士の集まり方に対し、サークルは円を閉じる、すなわち会員制をとって家や一族から少しだが自立している集団と解釈できるかもしれない。

「組」というと、江戸時代の幕藩体制下では五人組という相互扶助・監視を含む生活集団が思い浮かび、個人が一〇〇％に近くイエの枠内に入るのに比べ、連や派や社は生活の中のルーティンから離れた部分的な社会関係というニュアンスがそこに感じられる。

やはり中世に京の寺院で学ぶ寺僧たちの一部の僧を「公衆」と呼ぶ例や、今も残っている「講」集団も、以前から日本にあるベーシックな社会集団である。『新平家物語』の中で吉川英治氏は、次のように講を使う。「踊る者があり、歌う者があれば、また一隅では、怒色をなして、酒に、鬱をいわせている者があるのも人間講とすれば、やむをえない[*5]」。

中世に現実の言葉として「人間講」というものがあったかは筆者にはわからないが、先の党や組、あるいは連などとは違って、生活の中に民衆のささやかな楽しみをつくり出すことを社会的に許された集団（一部、宗教行事ではあるが）として、講は倶楽部に近い日本の原集団として位置づけられるかもしれない。

●スポーツとクラブの結びつき

さて、日本で初めてのスポーツクラブはどれか。そもそも、日本にはスポーツクラブはあったのか。あったとして、日本のスポーツクラブの集団は「クラブ」と言えるのか、否か。
クラブ――倶楽部という表記にこだわれば、一八八五（明治十八）年の「アマチュアローイング倶楽部」という名称が見出される。今とは異なり、ボート競技はメジャーな種目である。イギリスにおいてもオックスフォード大学とケンブリッジ大学のボート競技の対校戦からスポーツ競技会が盛んになっていく。道路よりも河川の方に交通量も多く、船での旅行が当時はメジャーであった。また、十人弱という手ごろな人数のチーム編成という性格もある。競技を両側の土堤から誰でも見物、応援できるというオープンな観戦環境も影響したのであろう。

アマチュアローイングクラブの考察は省くが、一言でいうと、このクラブは外国人居留地、横浜とか神戸にある外国人メンバーによるクラブ組織であった。したがって、このクラブは日本のクラブには該当しない。このときに対戦する相手は、東京大学の走舸組《そうかぐみ》という学生のチームである。「クラブ」に対して「組」で対抗するあたりが興味深い。組という集団は、江戸期の五人組から大正、昭和の隣組、またいわゆる学校の中の組＝クラスへとつながるわが国のベース集団の一つであることは認められよう。

因みに、学校内部のスポーツ集団は、一八八三（明治十六）年ごろには、ベースボール会、ローンテニス会などのように、会という名称で活動が始まっている。「会は一週に一度ずつあって金曜日にある文学会、火曜日にある青年会の他に、クラスクラスのクラスミーティングもあれば寄宿舎の親睦会もあり、友人の送迎会もあり、新入生歓迎会もあった」*6。明治中期は会の流行期ともいえる。

日本での初の運動会は、一八七四年（明治七）、東京の海軍兵学寮で行われた「競闘遊戯会（アスレチック・スポーツ）」であり、外国人教員の指導のもとに行われている。会は文字通り特別の日に、特定の場に、クラスの生徒が出向いて行くイベントである。帝国大学などは別として大部分の学校にはグラウンドがなく、河原や空地まで行軍して、そこで徒競争などして弁当を食べて帰ってくる、これが運動会の原型であった。

ベースボールやボートなど特定の種目のイベントは、イギリスと同様に、多分にクラス対抗の形をとっていたと思われる。学校内部には、その後も倶楽部――クラブと表記されるスポーツ集団は現れず、会や組、そして運動部が主流になっていく。運動会というイベントを契機に、定期的にスポーツをする校友会の組織ができ、その中に野球部とかテニス部が育成されるパターンと、テニス部や野球部の活動が先行し、それを校友会組織が統括するパターンの二つが想定される。いずれにしても部は会や組の中の一つのパートであり、必然的に校友会や学校を代表する選手や選抜チームという性格を担うようになる。音楽や弁論の部も結成、活動し始めるが、男子は質実剛健、心身鍛錬優先という世論にも後押しされ、各学校の運動部は注目され、活動に激しさと華やかさを増していったのであった。[*7]

●倶楽部――倶《とも》に楽しめたのか?

東京、一部分は横浜、神戸など外国人居留地より入ってくる倶楽部という関係様式は、文明開化――近代化のシンボルとして奨励され、活動が盛んに行われる。土地の名士や上流階級の成人男女の関心の的になるだけでなく、倶楽部の所有する会館――クラブハウスに出入りすることがステータスを強め、会員の仕事のうえの利便さや婚姻関係のネットワークのセンターとしても機能していたと思われる。

「社会は内容よりも形式にその差が見出せる」としたドイツの社会学者G・ジンメルは、「社交」という関係様式を「内容を伴うあらゆる根源から解き放たれており、まったくそれ自体のために、内容から離れるさいに生ずる魅力のために存在する」[*8]という時空間としている。世俗的な価値や思惑をオフにすることこそ、人間本来の楽しみが出現するというわけである。しかし、社交精神をうたった当時の倶楽部は、地方都市の文化のレベルアップの拠点になり、また明治前半より政治団体化する傾向も強く、倶楽部は社交精神の交差するところとは新聞紙上で力説されても、華美なムードの裏にはかなり実社会と連動し、むしろそれらを動かす政治的、経営的な思惑があったと思われる。倶楽部――クラブは会員制や寺や神社に替わる会館などとして人々に認識され、強い憧れを人々に抱かしはしたが、後述するようにクラブの精神――クラブ文化とはほど遠い表面的なハコものの移入で精いっぱいだったかもしれない。

一方、学校の中でスポーツを構成する集団は、やはり組――クラスであり、そして、校友会や運動会のパーツとしての陸上部であり野球部である。組の代表、校友会の代表、すなわち学校の代表としての選手がスポーツを行ったのである。地方に昭和三十年代まで広く残っていた若者宿や青年団にしても、○○家の代表としての選抜参加であり、名誉や恥がその行動原理であって、社交という精神とは縁遠かった。わずかに中世以降の講集団に、相互扶助、楽しみのための会費の積み立て制などが見られる。しかしこの場合も、個人が家から出てそこに参加するということではなく、長男として、後継者としての加入であった。

広島では一九〇八（明治四十一）年に広島運動倶楽部がつくられた。今でいうアソシエーション——体育協会のような性格のもので、会員が楽しむ場というよりも、スポーツの普及、振興に寄与する啓蒙的な性格の強い集団であった。倶楽部という場合も、教育的色彩の濃い社会集団が会員の個人的な利益を担保するという性格をもった。クラブ——倶楽部というモダンな関係様式が入ってきても、わが国に従来からある伝統的なベースの集団の規定力は強く、倶楽部——スポーツや文化活動を文字通り倶《とも》に楽しむ集団という形での定着は難しかったのかもしれない。

3 サークルからチームの時代

●戦後はサークルから

倶楽部の時代、すなわち明治から大正期にかけて、スポーツや文化活動の楽しみは社会や集団にとっては、隠れたプログラムであった。倶楽部の表のプログラムは、西欧追随型の、また地域の有力リーダーたちの啓蒙家精神が前面に出る「教育」や「政治」、都会では「社交」をうたいながらも営業や閨閥狙いなど、利便的内容のものが多かった。特に都市では、クラブとはその精神よりも建物そのもののクラブハウスであったり、協会や連盟に近いアソシエーションであった。そういう意味で、倶楽部の時代のクラブの社会関係とは、啓蒙的な上意下達、トップダウンであり、ピラミッド型のコミュニケーションであった。戦争期に入ると、この種のコミュニケーションはいっそう堅固なものになり、翼賛会的組織へ一元化していくパターンを繰り返す。

第二次大戦後の集団再編は、戦時下に組み込まれていった各種集団や組織の無自覚な体制順応を自己否定するように、社会や政治に対し敏感に距離をとり、社会を変革するムーブメントの核としての集団がクローズアップされる。その象徴的集団こそ、サークルであった。

「日本にいる個人の数は、国勢調査によってだいたいかぞえきれるが、その個人のあいだのつきあいの形としてのさまざまなサークルは、かぞえきれない」[*9]――リベラリストの鶴見俊輔氏ならではの表現である。

サークルの数については、サークルという集団をどう定義するかの根本問題に関わってこよう。サークル運動がそのピークを迎える昭和三十年代前半、小学生から中学生であった私の記憶の中にも、次から次へ研究授業や発表がつづく教室の風景とともに、地域の子ども会、婦人会、青年団、消防団などのエネルギッシュなイベントの風景がセピア色のトーンとともによぎる。個人的なノスタルジーは差し引いても、戦前の組織がサークルという名称を冠して復活したケース、民主主義や多数決、また自主性を構成要件として新たにサークルを創設するケースなど、地域、職場、学校の戦後はサークルとともにスタートしたと言って過言ではない。

●グループ学習とサークル

学校を民主化しようとする動きは、授業の中の集団的シーンでは、「グループ学習」という形に焦点化される。暗記復唱させる戦前の「クラス」の授業は、一人の教師が教室の生徒全員に対しトップダウンで教化し、生徒の個性と主体性を奪ってきたという猛反省を強いられる。教師は生徒一人ひとりを下達式につなげるのではなく、教室全体をいくつかの小集団に分け、その集団のダイナミズムを生成、利用し、集団を成長させつつ個人を社会化するというのが、グループ学習のシナリオであった。知識はバラバラに与えて覚えさせるのでなく、生活課題や問題を発見し解決する中の材料として再構成されるべきとされた。率直に言えば、学校の中の集団は、学校内部の問題と社会の課題を象徴する分析対象としてとらえられた。集団への期待は、学校と社会の矛盾を解消する手段、ないし可能性と見なされたのである。

一方、学校外で雨後の筍のようにできるサークルは、その中のコミュニケーションをモデル化すれば、「円環」であり、一人ひとりのメンバーのヨコ並びのつながりが基本にある。しかし、集団を統括するリーダーを非民主的として排除はしても、学校や職場という親組織に帰属せざるを得ない分、リーダー不在はサークルの方向性を不明にし、親組織の意向や力がダイレクトに入りやすかったのである。

戦後の衣食住に事欠く貧しい日常生活の中では、社会を変えるという青春意識の強化と物心両面の相互扶助の力を与えるサークルは揺るぎないものに映った。しかし、職場や地域のサークル活動と学校の中のグループ活動は、親組織からの規制と政治志向の窮屈さによって、生活力とゆとりをつけ始めたメンバーに次第に敬遠され、力を失い衰退していく。

さらに昭和三十年代以降、学校教育の基本目標も「生活・経験」から「技術・知識」の習得へと変わる。生活のレベルを上げるために必要なものが大切と見なされ、政治課題や社会問題解決のためのサークルは合理的生活や高度な技術を習得、獲得するための道具的集団へと転換していく。サークルやグループは、目的を遂行するために集団成員が一致団結する「チーム」や「班」へと名称を変更していくのであった。

●大衆社会と集団論

現在、当時のサークルや集団に関して著された本をチェックし直すと、それらに込められた期待や熱気は、明治期に文明度を計る指標の一つとして倶楽部が標榜されたそれらとよく似ている。しかし決定的に異なる点は、倶楽部が社会のアッパークラスの人々による啓蒙運動の象徴であったのに比べ、サークルには上意下達に対抗するボトムアップ型のミドルからロワークラスの人々の熱い視線が寄せられていた点である。

「考え方の改造は自己の改造をひきだし、自己の改造は自己につらなる社会の改造を結果する。いわばその実験の行われる場がサークルであり、この契機はサークル運動全體の公分母的機能として、芸術的な表現活動の底にも働いているのである[*10]」。

一九五六（昭和三十一）年六月号の「中央公論」に寄せられたこの一文などは代表的なものである。サークルの必要性が熱く唱えられながらも、あくまでも「実験の場」としてであり「人間性と主體性を恢復《かいふく》」する場であり、サークル自体の活動の面白さ——文学なら文学それ自体、芝居なら芝居それ自体、レクリエーションならレクリエーションそれ自体に価値は見出されていなかったのではないかとさえ思える。

言うまでもなく昭和三十年代は、高度成長、東京への一極集中が始まる十年である。都市に出てくる青年男女の孤独と無力感をぬぐい、連帯と自己効力感を多種多様なサークル活動が満たしてくれたのである。故郷の家族の代替機能として、サークルは機能したといってもよい。

社会学者の日高六郎氏は、一九五九（昭和三十四）年の時点ですでにサークル運動の困難さをストレートに表している。日高氏はサークル運動の政治性と非政治性の葛藤の歴史を述べた後、その矛盾をクリアする方法として、ヨーロッパ的に区分する論理とアジア的に密着する論理を止揚する「第三の論理」を示す。[*11] しかし、具体的にはその必要性、方向性を記しているに過ぎず、「第三の論理」の内容はほとんど示されておらず、その解決の困難さを逆に証明する形になっている。これらの議論は、当時の知識人により熱く行われていた。都市を中心に広がる大衆社会化現象の中の個人をつなぎとめる方法として、集団への期待がこれまでになく高まる。社会学の流れの中でも集団論がピークになった一時期であり、個と社会をフィジカルにつなぐ中間集団がまだ見えていた時代とも言える。

●サークルのチーム化

サークルという言葉自体は、すでに一九三一（昭和六）年、蔵原惟人氏が「ナップ」という雑誌にソヴィエト・ロシアの用語として紹介しているという。[*12]「革命思想を日本の大衆の中につくりだしてゆくための文化運動の小単位」として説明されている。戦前の左翼系知識人、運動家の日常用語として使われ、戦後の生活や組織の民主化の波とともに一気に都市部の青年男女の流行用語、すなわちファッションとして、現実的には出会いの場として定着していった。歌声運動の中のサークルや、映画、演劇運動の中のサークルなどがその典型であった。

サークルという言葉がその初めは政治的用語として取り入れられ、日常的には趣味や同好者の集いの場として一般化し、さらに戦後の思想をリードするアメリカの生活主義、マイホーム主義を背景にしながら、ミーイズム（私生活主義）へと結果する。サークルは、気の合う仲間同士の小さな円環、閉じられた環としての性格を強めた。見方によっては、個々人がアトム化していく状況、生活や社会の分衆化をむしろ促進させる機能を果たしたのではないかとさえ思える。サークル運動は、社会の中のグループやクラブをより小さな機能集団、チームへと変えていく転轍機の役割を果たしたのではなかろうか。

●高度成長をチームがつくる

一九六〇年代後半より始まる高度成長経済は、生活が都市化されていく中で、他者との出会いと癒《いや》しの場としてのサークルが、高度成長を担う職場や技術的な労働者を再生産する学校の中で、その核となるチームへと変換されていく大きな流れであった。一方で、昭和三十年代中葉は、社会変革の側に立つ者にとって思想的にサークルやクラブへの期待が強まる時期でもある。それは戦後唯一、領土的に無傷の戦勝国として空前の活況を呈し、社会全体が大衆化の渦中にあるアメリカからの文献的メッセージの形で現れた。

一九六一（昭和三十六）年に翻訳出版されたアメリカの社会学者W・コーンハウザーの『大衆社会の政治』、ナチズムのドイツからアメリカに逃れた社会哲学者E・フロムの一九六六（昭和四十一）年の翻訳出版『希望の革命』などは、大衆化が進み操作されやすくなる個々人のあり方をもう一度、新しい共同体――クラブやグループにより蘇生、再生しようとする目論見《もくろみ》であった。W・コーンハウザーの言う「国家と家族との間に介在する独立集団」[*13]、E・フロムのクラブ集団に寄せる期待――「政治的概念によるよりも、もっと効果的に他人を動かすこと」[*14]などの提案は、その典型であった。

生活様式や価値観が急速にアメリカ化していく日本において、職場や学校や地域社会の中での集団に関わりをもつこれらの文献の中の期待は、従来からある町内会や子ども会、PTA、学級の中のグループや職場のサークル活動を再構成するという方向でなく、むしろそれらは固くて古いものとして解体すべきという結果を導いたかもしれない。生活面では合理化、オートマ化、サービス化（外部化）することにエネルギーが割かれた。一方、思想的には「主体的」「民主的」という形容詞ですべてを合意了解し、集団や組織も、民主的組織への脱皮という大目標が示されるだけで、実態はあまり変わらなかった。アトム化としての大衆化はいっそう進み、サークルへの社会的期待は期待として留まり、縮まる方向での円環、単一目的の下に凝縮された社会関係――チームワーク信奉が急速につくり上げられていく時期であった。

●同好会の出現

学校の中の集団は、一九四五(昭和二十)年、敗戦を機にモデルチェンジする。戦前の個々の運動部や文化部を統括した校友会組織が戦時下にあっては報国団や報国隊に結成し直され、一つひとつの部は消滅し、敗戦を迎える。

しかし、一九四六(昭和二十一)年には部活動は不死鳥のように復活する。ここでも民主化、生活化、大衆化の影響は及び、部活動への参加生徒の急増、選手による競技会はヒートアップする。一九六〇年代後半の学習指導要領の改訂により、部とクラブは二分され、今まで運動部やクラブと呼ばれていた集団は、一括して「部活」と呼ばれるようになる。全員が入るものとして正科時間帯の中に入るクラブは、本来のクラブの意義、自発性からすると形容矛盾であるが「必須クラブ」(傍点筆者)として位置づけられるようになる。

個性にフィットするように集団が分化していくことは、近代化の特質である。部活と必須クラブへの二分化は時代の流れであった。必須のクラブに戦後のサークル本来の期待が込められた分、旧来からの部活は民主化、生活化、大衆化の影響は排除され、職場の中のサークル活動が閉じられやすい円環になり、職場のQC運動(品質管理、生産性アップの運動)などと結びつくように、部活は目的遂行を最重要視するチームワークを基調とする集団に特化していった。

マスコミによる「体育会」イメージが、クラブのよさを残す運動部を悪役にした。部室は自治の空間であった――東京教育大学硬式庭球部、部室前の朝、1966年

大学生のキャンパス生活は、その時代時代の若者気質をストレートに映し、また次の時代をプレビューしている。

一九六〇年代後半から、「運動部」に対して「同好会」というスポーツや音楽、映画や芝居を楽しむことを目的とする大学生の集団が大量に発生する。一方、新参の同好会を意識するように、アンチ同好会としての「体育会」というコンセプトが独り歩きし始める。一九六四（昭和三十九）年の東京オリンピックをライブやテレビで体感したキャンパス世代が、同好会ブームの火付け役となった。

戦後のサークル運動は、会社においては趣味集団として、職場では作業効率を上げるアシスト集団として、すなわちチーム化していく。学校ではクラスにおいてもグループ学習としてスタートするが、やはりグループはクラスの下位集団――班としてチーム化する。そういう状況の中で大学生の同好会集団こそは、戦後のサークル運動の唯一の残滓《ざんし》と言えるかもしれない。

●東京オリンピックとチームワーク精神

金メダルを十六個とる東京オリンピックは、ヨコ並び、全員平等精神のクラスとボトムアップ型の民主主義精神のサークルを、勝利のため学力向上のため生産性向上のために、一致団結するチームへとモデルチェンジしていく象徴的イベントであった。観客動員六〇〇〇万人ともいわれる市川崑監督の「東京オリンピック」の冒頭のシーン、東京の当時のクラシックなビルが鉄球で破壊されていくそのショッキングなショットの後につづく、より高い高層ビル、より速い新幹線、あるいはより強い各種の素材開発や人権意識などの向上こそ、近代オリンピックのコンセプト、「より速く、より高く、より強く」のメッセージにより切り開かれたものかもしれない。

一九六四（昭和三十九）年から加速される高度成長経済の時代は、職場の中の遊びやレクリエーションのサークルがチームへとグレードを上げ、さらに会社名の宣伝と会社員としてのアイデンティティーのシンボルとしてプロ化していく時期であった。一方では、残業時間が激増しながらも、余暇時間の過ごし方は会社の厚生施設として整備されたコートでテニスをし、また職場の仲間とボウリングに出かけるパターンが定着した。子どもの場合もこの傾向は同じで、小さいころからのスイミングスクールや体操教室、リトルリーグなどが次第に普及し始め、中学、高校は部活という名のチームが学校宣伝や一般生徒のロールモデルとして学校生活をコントロールするようになっていく。学校と地域にまたがる形で活動をしていた子ども会やスポーツ少年団、各種の習いごと教室や文化系グループも、学校の中のチームへ、逆に学校の外の教室、クラスへと分化していく傾向が強まった。

川喜田二郎の『チームワーク』、大松博文の『俺についてこい』などの新書本、一方では「巨人の星」や「あしたのジョー」が連載されたコミック誌などが爆発的に売れる。チームワークと強いリーダーシップ重視の精神が優位に立つ。アメリカにつぐGNP世界第二位（一九六八年）の富める国へと右肩上がりに成長した勢いは、サークルで目覚めた個人重視と円環の精神を、チームへと収束、変貌を遂げることで可能になったのである。一九七〇年代の大学闘争にみられる新左翼集団も、チームワーク精神をより強めるセレモニー（独自のシュプレヒコールやデモなど）を組み込んでの運動であった。政治、経済、文化のすべての領域において、八〇年代後半のバブルの時代へ、「チーム」という形で集団を再編しつつ突入していくのである。

●一〇〇年の中のベース集団

倶楽部という意訳変換をし、クラブという外来の関係様式を入れた第二次大戦敗戦までの約五十年、そして敗戦後から現在までの五十年、トータルで一〇〇年を通して、わが国のもろも

クラブが学校の歴史をつくってきた。クラブは「倶楽部」であり、「苦楽部」「世間」。まさに総合学習の時間であった——神奈川県立小田原高校100周年記念事業、2002年

ろの集団のベースは果たして何だったかという問い直しが必要である。その間、「クラス」「クラブ」「チーム」「サークル」など横文字の集団が交錯し消長を繰り返してきた。「組」「班」、古くは「講」「座」という集団文化もあった。人は小さいときに体験する遊びやスポーツの集団の歴史を必ずひきずっている。どういう集団の中で身体を動かし、人間関係に触れ、マナーやルールを学習したかである。「クラス」で学んだのか、それとも「クラブ」か「チーム」かである。

　私の限られたグループづくりの経験、市民運動らしきものの体験からいって、昭和一桁《ひとけた》世代は「サークル」で青春を過ごした人が多い。彼らのリーダーシップには、二枚腰的な強さと矛盾を感じることがある。戦前オールディーズのスポーツマンの背骨にあるのは、

「クラブ」の精神の骨太さ（！）のようで、私たち戦後世代のリーダーシップはどうしても「クラス」が基調になる。

個々人にとり、それらのベースの集団は違うかもしれないが、しかし同じ世代にとって公約数的なベース集団がある。経済や政治の世界の人間関係やリーダーシップも、ベースの集団が何か、どういうベース集団の歴史をもつ人が多いかでその政治や経済の文化や風土の発現に違いが出てくるのではないか。

本書は、あくまでも試論である。またモデル的に述べる分、抽象的であり断定的であることは否めない。また次章以降の論述の材料になるのは、スポーツや遊びの集団に関する内容が多い。なぜなら、子どものときの集団体験がトラウマ（心の傷）になって、その人の後の人生、職場や世間の付き合いやマナーの行動のフレームになると思われるからである。

日本古来の伝統的な社会集団、「組」「班」「講」、そして明治以降の「倶楽部」、戦後の「サークル」等々を概観してきた。結果として、スポーツや遊びのベースの集団になるもの、また現代社会で生活する私たちをコントロールし、オリエンテーション（方向づけ）するベースの集団は何なのか。そして、これからの五十年、二十一世紀前半を形成する、してほしい集団は何かをこれから提示してみたいと思う。

■引用文献
（1）中根千枝『タテ社会の人間関係 単一社会の理論』一九七八年、講談社
（2）石井研堂『明治事物起源Ⅰ』一九九七年（復刻版）、筑摩書房、一一八頁
（3）小林章夫『クラブ 一八世紀イギリス―政治の裏面史』一九八五年、駸々堂、二八五頁
（4）佐々木高明『風と流れと 暮らしの中世と現代 党その三』一九七三年九月二十二日朝日新聞
（5）吉川英治『新・平家物語』第一巻、一九五九年、朝日新聞社、一一五頁
（6）生方敏郎『明治大正見聞史』一九七八年、中央公論社、八六頁
（7）宮坂哲文『日本近代学校における課外活動の発達―その発達過程についての覚書』（宮坂哲文著作集Ⅲ）一九六八年、明治図書
（8）G・ジンメル著／阿閉吉男訳『社会学の根本問題』（初版第六刷）一九七三年、社会思想社、八二頁
（9）鶴見俊輔「なぜサークルを研究するか」、思想の科学研究会編『共同研究 サークルの戦後思想史』一九七六年、平凡社、三頁
（10）佐々木斐夫「サークル運動の歴史的な意味」『中央公論』一九五六年六月号、二五六頁
（11）日高六郎「大衆論の周辺―サークルの問題をめぐって」『民話』一九五九年七月号、九～一一頁
（12）鶴見俊輔、前出（9）、三～四頁
（13）W・コーンハウザー著／辻村明訳『大衆社会の政治』一九六一年、東京創元社、四三頁
（14）E・フロム著／作田啓一・佐野哲郎訳『希望の革命』一九六六年、紀伊国屋書店、一二六頁

第2章 クラブの時代

1 スポーツを「移動」から読む

●文化の違いは集団の違い

テニスをすることを事例として、スポーツをするという人間行為を説明しよう。

筆者は、一九四五（昭和二十）年生まれ、団塊世代より二つ前の学年である。テニスは、軟式庭球として高校二年か三年のときに体育授業の中で数時間経験した。

授業――「クラス」の中でテニスを知り習った人は、当時――東京オリンピック前、一九六〇年代前半は少ない。むしろ、一九五〇年代後半、懐しいミッチーブーム（正田美智子氏が史上初めて民間から皇太子妃に。テニスが縁で知り合われた）の中、テニス部の中でラケットを握りボールを打つことを覚えた人の方が多いと思われる。テニスを習ったのが、テニスの授業であったかテニス部であったかは重要である。大半は○○部の中でスポーツに触れ、それへの関わり方を学習する。

「クラス」で覚えるスポーツも、「部」ないし「クラブ」でやるスポーツも（この場合はテニスであるが）、そのプレイの仕方、ゲームの仕方には技術の巧拙はあってもそれ以上の違いはあまりない。もちろん、ルールは同じ。根本的に違うことは、テニスコートという空間への関わり方の違いが、「クラス」でするテニスと、「クラブ」あるいは「チーム」でするテニスと違うのではないかと思う。

このことは、イギリスなどヨーロッパ系の文化と日本のスポーツ文化の違いに関わってくる。日本の野球とアメリカのベースボールの違いは、バントを多用するか否かとか審判の重みの違い（日本のスポーツは審判を軽んじる傾向にある）などにあるのではなく、ベースとする集団の違いにこそある。日本とヨーロッパのスポーツ文化の相違は、日本は「体育」であり、ヨーロッパは「スポーツ」という議論も突き詰めていくと、日本のスポーツのベース集団が「クラス」であって、ヨーロッパのそれが「クラブ」であるという、その違いから大きな相違が生じてくるのである。

●スポーツは移動するということ

「クラス」でテニスをしたか、「クラブ」でテニスをしてきたかの違いと同じように、ピアノを地域の「クラス」で覚えたのか、それとも「クラブ」で覚えたのかという違いの対比も、これまでほとんど言われていないが、比べる意味がある。

現在では、ピアノを習う子どもの数は減ったが、一九七〇年代から一九八〇年代までは、女の子はピアノやエレクトーンなどの教室に通っていた子が少なくない。一九六〇年代にピアノを習っていた子どもは、まだ少数であり、音楽系の大学の卒業生もピアノで就職したり個人レッスンで生活できるエリートさがあった。少しゆとりのある家では、女の子にはそういう習いごとをさせた。かなりの月謝を払って音楽に触れさせたのである。

一方、スポーツの場合は、月謝を払ってテニスをしたり健康づくりをしたりするのは、一九七〇年代後半から一九八〇年代にかけてである。「〇〇体操教室」や民間のテニスクラブが休耕田や空き地を利用してつくられ、会員募集がされ、その中の必須のプログラムにジュニアのプログラムが組み込まれる。どちらもお金を払うのだが、スポーツと比べた場合、音楽の方は人数的にも少なく、ピアノ教室やバイオリン教室へ通う場合、あくまで「クラス」であって、「クラブ」ではなかった。

スポーツや文化活動に「クラス」から入るのか「クラブ」から入るのかは、その地域、その国のスポーツ文化や音楽文化を根底で規定している重要なファクターである。身近なスポーツ大会やコンサートホールの現状を見ても、いわゆる「お客」が入らず、関係者はハコの維持、運営に四苦八苦している現実がある（ワールドカップ終了後のサッカースタジアムのスタンドの活用アイデアを公募しよう！　大型野外ライブの他にまだあるはずである）。スポーツ人口や音楽人口を広くキープするには、やはりそのベースの集団が何なのかを考える必要がある。これまでは一流の選手や演奏家を呼ぶことがファンの拡大になると考えがちであった。事実、海外からの一流プレイヤーやアーチストを招請し、それを華々しくプロデュースする東京のエージェントが介在した。スポーツと文化の普及、振興はイベント中心でなされ、その枠から抜けられずにここまで来た。経済が右肩上がりの時代は、スポーツや音楽など文化を支援する行政、企業のフィランソロピーもゆとりがあった。しかし、その時代が終わった今、ベースの集団論から再構築する必要が出始めている。

この章では、スポーツ空間論という思考フレームにより、スポーツや文化の集団を形づくるベースの集団をモデル化してみたい。

●スポーツをする意味

テニスをする、サッカーをするにしても、ピッチやコートの中のプレイには文化差や社会的な差にあまり変わりはない。その空間への関わり方でしているサッカーやテニスにどういう意味の違いが出てくるか、そこの差異こそが文化差ではないか。

スポーツ、英字の表記をするとsportsである。スポーツとは何かを説明する場合、このsportsの言葉の語源から入ることが多い。今ではよく知られるようになったが、sportsの一番早いころの表記は、ラテン語の「dēportāre」から来ているという。「dēportāre」は分離（away）を意味する接頭語deと、運ぶを意味する動詞portāreの結合語で、運び去る、運搬する、追放するという意味を持っていた」[*1]とスポーツ史の専門家、阿部生雄氏は言う。接頭語のdēにしても本体の動詞portāreにしても、類似した人間行為を指している。それは、離れる、運ぶという行為であって、ある場所から違う場所へシフトを変えるという意味合いが核にある。

さらにスポーツの次の時代の展開にこだわれば、近代スポーツがステータス・シンボルとして確立するイギリスの場合、産業革命により、金と時間を独占所有するブルジョアが、ジェントルマンをまねて行う狩りやクリケットが紳士のたしなみとしてメジャーになっていった。ウィークデイは石灰色の空の下のロンドンで会社のオーナーとして働き、週末は郊外のカントリーハウスに行って狩りやクリケット、テニスを行うことが紳士のステータスであった。つまり、街中のオフィス（日常の生活空間）から郊外のカントリーハウス（非日常の生活空間）に行く、そして帰ってくることがスポーツ——移動であった。飛躍すれば、スポーツカーとは、ブレザーやテニスウェアに身を包んだ紳士淑女が街中から郊外に移動する車のことを言ったのかもしれない。生産の場からいかに遠く離れられるか、仕事の場と遊びの場の間にどのくらいの距離を保てるか、しかもその往来を可能にするスピーディーな馬車やら馬、そして車を保有することこそが、いわゆるT・ヴェブレンの言う「衒示《げんじ》的消費[*2]」——見せびらかしによる地位保全効果そのものであった。

生産力が上がり、その富が次第に分有化され、市民の間にも金銭と時間がストックされるようになる。郊外とまではいかずとも、街中にクリケットやテニスのコートがつくられ、その周りのクラブハウスはセカンドハウスの趣をもつようになる。生産の場と余暇の場を区分し、その間を自由に移動できることがsportsであり、またそういう資格、ライセンスをもつことが、フランス語のライセール、Leisereであり、いわゆるレジャーの本質であった。

社会が豊かになるということは、移動が可能になること、容易になっていくことと同義と言えよう。さらに付け加えれば、異なる空間をもつことができて初めて、真の移動になるとも言えるのである。

●移動することと着替えること

人はいつか自分の意思で移動ができなくなり、ベッドの上で死んでいく。赤ん坊のころも自分の意思では身体が動かず、「おんぶ」や「だっこ」をしてもらい移動する。寝たきりになる前も、家族や専門家に介護されて移動する。個人のライフ・ヒストリーから見ても、移動という人間行為は十分、思索の対象になる。

広い土地を有する文明と国土が狭い文明では、牧畜文化と農耕文化の違い、スポーツ用語になぞれば、ゾーン・ディフェンスかパーソナル・ディフェンスかというゲーム戦略の違いにも行き着くかもしれない。

スポーツをするということは、日常の世界から非日常の世界へ入り、「ゲームセット」でそこから出て、再び日常の世界へ還る移動の行為である。このように言葉で表すと簡単だが、日常と非日常の異なる空間を移動するということは、実際にはさまざまな集団を取捨選択し、準拠する規範を切り換えるという複雑な行為になる。

例えば先のテニスやピアノの学習例で見たように、「クラス」から入る場合、教室という児童・生徒にとっての日常とグラウンドや体育館という非日常空間が混同し、本来、非日常空間で行うスポーツや音楽が日常の行為に反転してしまうこともある。「クラス」でのスポーツは評価を伴うし、一位、二位というスポーツそのものの絶対評価と学級という授業の中での評価――相対評価と相容れないケースも出てくる。

往々にして、体育館の中の教師と教室の中の教師は同一人物である。体育館の中の失敗、例えば五段の跳び箱のミスに対する教師の善意メッセージ、「今度はがんばろう」であっても、できなかった生徒にとっては教室の中でまでそれを言われては、死ぬほどいやなことになる。

教師への暴力事件は、教室を出た後の廊下やトイレなどで起こることが多い。「がんばろう」のメッセージが異なる空間まで持ち込まれる場合に、むかつき、きれる。場面の切り換えに無頓着なケースが、教師の指導行動には多いのかもしれない。

日常と非日常の空間が最初から逆転していることもある。企業のスポーツ選手やプロ選手は体育館やグラウンドが日常であり、職場や家庭が非日常というケースも出てくる。移動する、移動できるということは、Aという空間とBという空間が明らかに異なるものという前提がなければ成立しない。

スポーツウェアが日常と化している現在では、着替えるという行為もあまり意味をなさない(高校野球の名門、広島商業の畠山圭司先生にインタビューさせてもらったことがある。「伝統の広商も強いときと弱いときがある。強いときは生徒がユニフォームと学生服をうまく着分け、弱いときは着分けられない」。一九七九年ごろ、この服とはメタファーなのかモノそのものなのか、だぶるところが重みと味を感じさせる話であった）。

いつも同じ心理状態では、鬱《うつ》である。そういう意味では、今の社会は移動が成立しにくい鬱型の社会といえる。携帯電話やマスメディアはどこまでも追いかけてくるからである。

2 スポーツ空間論の立ち上げ

●オリンピック・ゲームズの意味

陸上競技やボクシングなどの競技は、古代ギリシャのオリンピックより盛んに行われてきた。スポーツによる人間教育の提唱者であるフランスのピエール・ド・クーベルタン男爵（男性・白人優位という時代精神の限界があったという評価が最近はされる）が一八九六（明治二十九）年、アテネでオリンピックを再スタートさせた。わずか三一一人のアスリーツの参加で始まる近代オリンピックであった。現在ではオリンピックを統括する老舗ＮＧＯ組織であるInternational Olympic Committee（国際オリンピック委員会）には一九九の国々と地域が参加し、国連加盟国一九一ヵ国（二〇〇二年現在）よりも多いことは、あまり知られていない。

オリンピック大会の正式名称にはスポーツという表記はなく、「Olympic Games」と称される。このケースを見ても、実際に行う陸上競技の槍投げやバレーボールにしても、それはそのやり方、やる人間の関わり方次第で、スポーツと言った方が適切な場合もあるし、またゲームと言った方がよい場合もあるのではないかと思われる。

オリンピックは、スポーツの大会というよりゲームの大会として呼ぶ方がオリンピック精神に合っているのかもしれない。なぜなら、ゲーム——Gameの類語の中にはGamble（賭け）もあるが、Gather（集まる）に接続していく語源も含まれる。つまり、オリンピック精神は、世界の地域、民族、国から選手たちが四年に一度集まる、何を押しても必ず集まる、集まれる状態をつくる、そのことに強い意味を与えている。「参加することに意味がある」——そのために、戦争、紛争の中にあっても「オリンピック休戦」として集まる。移動する、国境を越えて集まるという行為を尊重することが世界秩序の安定と平和に寄与する、その意味を核にすえたスーパーイベントをOlympic Gamesとして理解すべきなのかもしれない。

蛇足であるが、テニスやバドミントンなどの試合終了のコールは「ゲームセット」である。「ゲームエンド」とは言わない。一つの集合行為が成立したという意味が「ゲームセット」であろうか。

●スポーツとゲームの違い

ゲームは「集合」という行為に力点が置かれる。これに比べるとスポーツは「移動」という行為であり、「集合」に比べて「移動」は、行為の途中の様相であり、移動行為が成立するためにはA地点を一度は離れるという、固い表現をすれば「離脱」という意味を見出すことも見当外れではなかろう。ここから外へ出てはいけないという「コートの中」の規定がルールの始原である。ルール化して、スポーツはゲーム化する。しかし、ゲーム自体にはダーティーなフレーズがあり、「play a double game」となると「ウラオモテのある行い」、「make game of」は「なぶりものにする」――人間の集合状態、ゲームは本来胡散臭《うさんくさ》いものだ。

離脱という人間行為には、そこに個人の意思や自由、さらに拡大解釈すると反権力という政治色まで含まれてくる。中世ヨーロッパにおいて度々、サッカー禁止令が時の王より布告された。職業（特に兵士がサッカーに興じすぎたという）や家業から離れ非日常世界に没入して帰還せず、結果として社会の安定を乱すスポーツの遊戯性は、時の権力者にとっては厄介な代物だったのである。

近代オリンピックがスタートして四十年目の一九三六（昭和十一）年、ベルリン大会が開催される。ベルリンはファシズムの渦中にあり、A・ヒトラーによりオリンピックがナチズム高揚の宣伝に利用されたということはよく知られている。しかし、このナチズムに対抗するかのように、オランダの文明史家、ライデン大学総長のJ・ホイジンガ博士が一九三八（昭和十三）年、『ホモ・ルーデンス』[*3]の大著を出版するそのタイミングはあまり知られていない。ファシズムのもとに集結、集合せよという呼びかけに対して、ホモ・ルーデンス――人間の本性は遊戯性にあり、人間は遊びのためには日常から非日常世界を分離し、時に日常の秩序を越えるというプレゼンテーションは、そう主張すること自体が大変な勇気と覚悟のもとの反ヒトラー、反ファシズムの宣言であったのかもしれない。

危機管理化に入れば、人は移動を禁じられる。スポーツどころではない。スポーツが禁止されるようになるときは、危機が迫っている。炭鉱のカナリア！ スポーツの本質は遊戯であるというスポーツ論は、スポーツと社会の関係が高度にビジネス化した現在ではセピア色のコンセプトであり、現実の個々の問題を説明し、クリアするにはしにくい時代遅れのものかもしれない。しかし、スポーツの本質を移動行為と見立てることで、政治や経済など社会的機能を牽制するというラディカルなスポーツ論は、今、改めて必要なのではないか。

●遊戯論のインパクト

スポーツをする人間行為の本質を「移動」として読み取った場合、スポーツが日常世界から非日常世界への行き還り、往来になることは先に述べた。『ホモ・ルーデンス』を著したJ・ホイジンガやそれを社会科学的に発展させたフランスの社会学者R・カイヨアの『遊びと人間』[*4]に見られる遊戯論のエッセンスは、日常世界と非日常世界を異なるものとして際立たせる、いわば二項対立図式がモデルの根幹であった。図1がそれである。

日常世界、大人にとっては職場や家族、子どもにとっては学校などをここでは「実社会」と名づけよう。「コートの中」とは、テニスをするコート、サッカーをするピッチ、あるいはブラスバンド部なら演奏するステージになる。スポーツをするということは、「実社会」から「コートの中」に入り、プレイが終わり「コートの中」から「実社会」へ戻るその移動行為のこと、そう考えてきたのが、まだ社会に伝統的な固さが残る七〇年代から始まるオーソドックスなスポーツ論やプレイ論であった。

日本においても、スポーツという人間行為を、異なる空間に足を踏み込む、つまり換言すると、越境する緊張の気分を重要視するスポーツ論がすでに一九三三（昭和八）年にあった。「実社会」と「コートの中」を区分するラインを、尾道出身の哲学者、中井正一は次のように美学的に表明する。

「グラウンドに入った瞬間、眼を射るような幾重もの白線、直線、曲線、円、楕円それらのものの前に先ず人々は緊った昂奮を感ずる。この昂奮は、もし人々が気付くならば、線が或は楕円が単なる物理的空間である場合とは異ったものをもつことを知るであろう。（中略）そこでは物理的間隔Abstandは単なる間隔ではなくして、それを走破し、追い抜き、到達しつくすべき存在論的距離Entferningである」[*5]。

この文章は、「スポーツ気分の構造」という論文の中に出てくる一節である。当時のドイツ哲学の難解な用語をベースに、学者にしてスポーツマンであった中井ならではの「スポーツ気分」

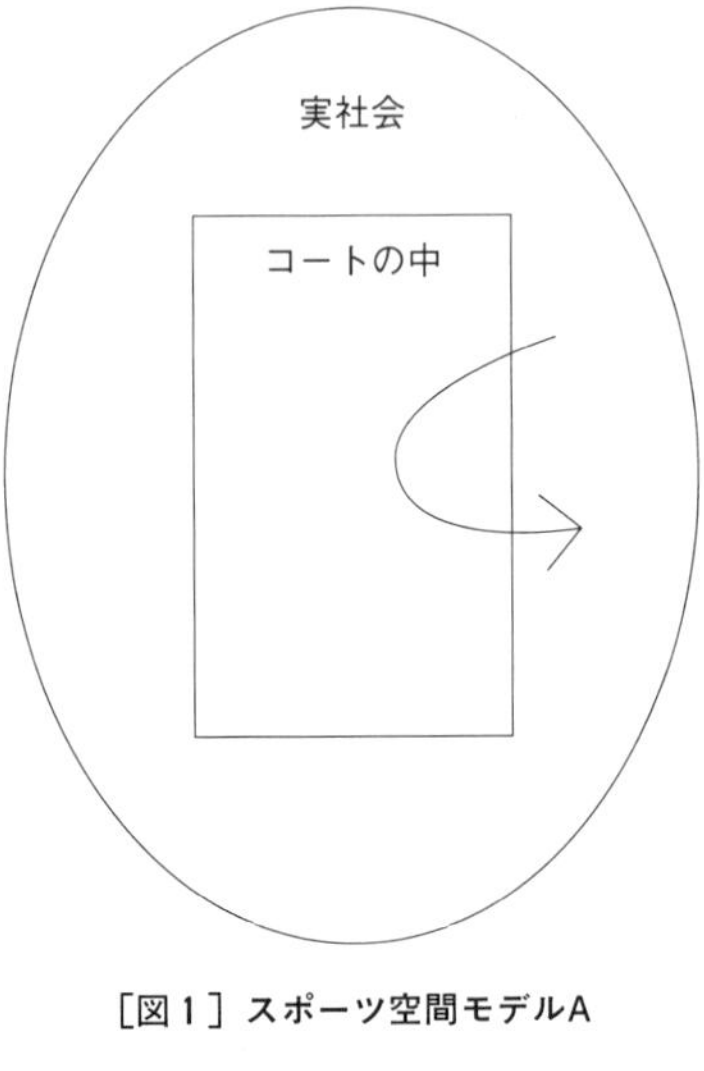

［図１］スポーツ空間モデルA

というファンタジックな言語がつくられるのである。

●「コートの中」と「実社会」

スポーツという人間行為（あるいは音楽や演劇であってもよい）を「移動」というコンセプトからとらえ直すと、図1のモデル、「コートの中」と「実社会」の空間認識だけでは、スポーツのよさ、まさしくスポーツ気分は汲み尽くせないものがあるのではないかという気がしてくる。

実際にテニスや水泳をする気持ちをなぞってみよう。

「コートの中」のベストの気分は、いいプレイ、いい泳ぎに自分が集中できる歓びである。集中できたときの精神状態は、「無我」とか「没我」で表現されるが、そこに至るまでには他者との、また自分との、闘いと競い合いがある。端的に表現すれば、「ハラハラ」する歓びの気分と言える。自分の力と他者の力、自分の力と自分の中のイメージの力がイコールになったとき、自分の力が最大限に発揮できる不思議さである。このハラハラ気分を共有するために、いろいろなルールが設けられる。最も象徴的なものはオフサイドである。ゴールインを簡単にさせずパスまわしを複雑化させることで緊張気分をプレイヤーもファンも味わおうとするこのルールほど、「コートの中」のハラハラ気分を醸成するものはないくらいである。[*6]

何ゆえに、このハラハラ気分が求められるのだろう。

日常社会のロール（役割）は、会社人であり、子の親であり、男性であり、○○家の長男であり、夫であるという複数役割を同時多発に演技しなければならぬ錯綜混乱板ばさみの「イライラ」が通常気分である。ゴール（目的や結果）にしても、その評価は「コートの中」のそれに比べて複雑、曖昧である。職場の昇進競争、家庭での親らしさ、世間の中の大人らしさの競演にしても点数評価はしにくいし、しても必ず反論、異論が出る。「コートの中」のハラハラも「実社会」のイライラも、基調の社会関係は競争である。しかし、両者の決定的な違いは、プロセスと結果評価が「コートの中」は単一の、しかもプレイヤーが納得したルール（規則）があることであり、アカウンタビリティ、説明責任がクリアであることだ。

一方の「実社会」のルールは、常にダブルスタンダード、時にはトリプルスタンダード、しかも、あらかじめ与えられたルールである。したがって、「実社会」のロール、ゴール、ルールは相乗し合ってイライラ気分を昂《たか》めざるを得ない。一言でいえば、「コートの中」はフェアな競争、「実社会」は構造的にアンフェアな競争になっている。先に引用した中井正一の一節、「幾条もの白線、直線、曲線、円、楕円それ等のものの前に先ず人々は緊った昂奮を感ずる」の「緊った昂奮」とは、ダブルスタンダードで人間行為の評価が曖昧に、時に甘えになる「実社会」から、真に自らの行為が行為の結果それ自体により評価されるという、畏れを伴う歓びのハラハラ気分と理解される。

●「コートの外」を入れる

テニスや水泳を実際にするプレイヤーは、「実社会」のイライラ気分から「コートの中」のハラハラ気分の空間に移動するとしよう。試合や練習が終わると、「コートの中」のハラハラから「実社会」のイライラ気分の空間に戻る、その循環行為がスポーツという人間行為、先に見たホイジンガたちのオーソドックスな近代のプレイ論やスポーツ論であった。

果たして、スポーツ気分とはそうなのか、それだけなのかを次に問いたい。

なぜなら、この二つの気分、ハラハラとイライラの循環では、フェアとアンフェアの決定的な違いはあっても社会関係はともに競争である。その繰り返しはプレイヤーにとって慢性的な強迫感、高圧感を抱かせないかという不安が生ずる。スポーツをすると疲れるという場合、「コートの中」のオーバーワークによる生理的疲労もあるが、「コートの中」と「実社会」空間を移動しているつもりでも、二つの空間が相似してしまっていることで移動にならない不満、気分の切り換えができない退屈さ、疲労感がそこにあるかと思われる。スポーツ科学の場合、「バーンアウト」といわれる専門用語が一九八〇年代後半から欧米より入ってくるが、バーンアウト症候群、すなわち燃え尽きるということを、移動にならない移動による心身のバーンアウトとして理解することがこれまでは欠けていた。

一流のプレイヤーやアスリート、またサッカーや野球のチームは、「コートの中」と「実社会」の間にさまざまな世界をもつことが最近、視覚的に理解されるようになってきた。メジャーリーグの選手の日常をテレビや雑誌のリポートにより観察してもよくわかる。明らかに日本と違うことは、ダッグアウトやロッカールーム、ミーティングルーム、会見室等々、「コートの中」の周辺空間が格段に質量ともに整備されていることである。アメリカの野球映画、「メジャーリーグ」「さよならゲーム」「プリティ・リーグ」等々のシーンは、「コートの中」のゲーム、プレイのシーンもあることはあるが、かなりの時間は、ロッカールームやシャワールーム、スポーツバー等々の場面での悲喜こもごもである。不朽の名画「フィールド・オブ・ドリームス」にしても、幻のプレイヤーたちがグラウンド、「コートの中」からトウモロコシ畑へ戻っていくその幻想的シーンこそが、この映画に厚みを与えていると思われる。

図2は、そのフィールドをファンタジックに「コートの外」と名づけ、「実社会」と「コートの中」の間に投入したものである。「フィールド・オブ・ドリームス」にしても、選手たちがグラウンドに出て、戻るその「コートの外」がトウモロコシ畑というアメリカの原風景を象徴したものであるから、ドリームスなのだ。グラウンド、すなわち「コートの中」の間際までマンションが屹立していては、夢

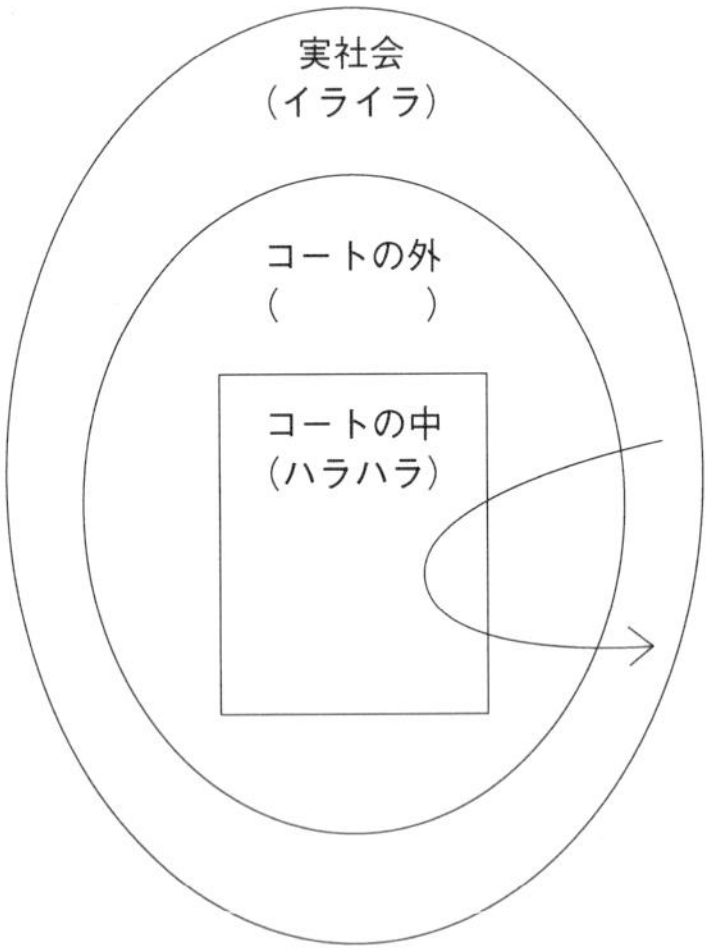

［図2］スポーツ空間モデルB

物語にならないのである。

●「コートの外」の素の自分

さて、図2では、「コートの外」の下の（ ）を空白にしている。「実社会」は「イライラ」気分、「コートの中」は「ハラハラ」気分と明記した。「実社会」のロール——役割は父親、学校の先生あるいは五十代日本人男性などという社会的役割であり、それにフィットする父親らしい、先生らしいウェアを身につける。「コートの中」のロールは、プレイヤー、すなわちオリンピック日本代表選手とかレギュラー、二軍、さらにはキャプテン、マネージャー、コーチなど、さまざまなユニフォームをそのロールに応じてまとうのである。

では、「コートの外」は何か。何を身につけ、まとうのか。その気分は何か。基調の社会関係はどうなるのか。

テニスのプレイヤーをイメージしよう。ウィークエンドのプレイヤーならば、仕事帰りの「実社会」のスーツをロッカールームでテニスシャツやパンツに着替えて「コートの中」に入っていく。ひと汗かいた後は、テニスウェアを脱ぎ、シャワーで汗を流し、スーツに着替えて家に向かうか、一杯飲みにパートナーと街中に出るかである。「コートの外」を、スーツからスポーツウェアに着替える途中の時空間、スーツも着ていないスポーツウェアも着ていない素の自分、自分らしい自分を取り戻す時空間とセッティングできないか。

自分らしい自分とは、さらに自分とは、素の自分とは何か、といった人間本質論にこれ以上は深入りしない。しかし、何も身につけていないときの自分を一日二十四時間の中に、食う・寝る・出すの生理的時間の他にもてるか否かは、生活設計上の重要な課題、価値観、生きるとはどういうことかなどの哲学になってくることは確かである。

●シャワーの味とヤレヤレ気分

「コートの外」を、ルールやロールやゴールを越えた、あるいは脱ぐ時空間としてとらえたい。素の空間であることからすれば、基調の社会関係は脱競争、超競争である。G・ジンメルという、今見直されつつある近代ドイツの社会学者のクラッシックな集合状態の分類概念を引けば、「Miteinander」――「共存」の状態に近い。[*7] あるがままを受け入れる、あるがままを互いに受け入れる、お互いが裸であり、素であってこそ可能、シャワーを浴びベンチに裸でいるときのヤレヤレとした寛ぎとおおらかな互いの気持ちこそ、「コートの外」の基調の気分である。「コートの外」の気分は、「ヤレヤレ」である。「コートの中」はハラハラ、「実社会」はイライラ、その二つの空間に挟まれ、また二つの空間をコーディネートする意味を込めて「ヤレヤレ」と表現したい。

「コートの外」のヤレヤレ気分をキープすることが、「コートの中」のハラハラ気分を歓びに変えられる。「コートの外」がバッファゾーン（緩衝空間）となって「実社会」のイライラする競争関係をオフにし、「コートの中」のハラハラする競争関係に集中できる。「コートの中」の勝ち敗けが「実社会」に持ち込まれるのをカットする空間が、「コートの外」である。代表というプレッシャーを超えられるか否かは、「コートの外」の空間設定に関わっている。

大蔵省のキャリアから作家に転じ、四十五歳にして自決した、草分けのボディビルダーにして美学的スポーツマンであった三島由紀夫の次の一文ほど、「コートの外」の人間学的意味を的確にとらえているものはない。

「運動のあとのシャワーの味には、人生で一番必要なものが含まれてゐる。どんな権力を握っていても、どんな放蕩を重ねても、このシャワーの味を知らない人は、人間の生きるよろこびを本当に知ったとはいへないであろう[*8]」。

今や設備としてのシャワーは、三島のこの一文が書かれる一九六四(昭和三十九)年当時に比べ、格段に普及した。若い世代では、風呂よりも朝シャンであり、シャワーを浴びて目を覚ます。スポーツセンターにもシャワーはほとんど備えられるようになった。しかし車社会の進行、私秘化志向は、運動の後のシャワーの味を自宅のシャワーや風呂に限定しているのも事実である。このことだけを見ても、「コートの外」が欠落、縮小しつつスポーツが盛んになっている。「コートの中」は自分の限界を痛いほど知る空間だ。友を知り友をつくる、懐かしく「同じ釜の飯を喰う」場は「コートの外」、その共存の社会関係が崩落しつつある(ラグビーのゲームセットはノーサイドと言う。終了後は敵―味方、敗者―勝者の枠を越え、風呂に入るまでを、その精神とした。しかし最近では、この伝統はエイズの恐れもあってヨーロッパから消えつつあるという新聞記事を見た記憶がある)。スポーツだけではない。職場から学校から地域から、「コートの外」の空間のヤレヤレ気分が失われつつある。「コートの中」と「実社会」が隣り合わせに連結、癒着し二十四時間が競争化していく。狂気を内に秘めた競争的、高圧的なビジネス社会とは、「コートの外」が縮み強ばる社会なのである。

3　「チーム」と「クラブ」の違い

●「コートの中」はチーム

スポーツ空間論を説明する中で、三島由紀夫のシャワーについての美学論的一節を引用した。このシャワー空間をイメージしながら、スポーツ集団論を次に説明したい。

「クラス」から入るスポーツ体験は、体育の授業時間の中のテニスやサッカーである。したがって、シャワーなど浴びる時間もないし設備もないのが、明治以降の学校体育の現実であった。これに比べてスポーツ好きの男子生徒、女子生徒は運動部の世界へも入っていく。「部」の場合は、「クラス」に比べると「シャワーの味」、すなわち「コートの外」は少しは体験できたはずだ。しかしサッカー部、テニス部の表記通り、「部」自体が、○○学校の中の一パート、部分であり、部の指導者も学校の先生、教室の先生も同じ先生であり、スポーツ――異なる空間を移動するというスポーツ空間論からすると、その空間の広がり方にメリハリや豊かさが感じられない。これらの現実を意識して、スポーツ集団のモデル化を試みよう。

図3は、「コートの中」と「コートの外」から成り立つスポーツの世界を、ベース集団ともい

える「チーム」と「クラブ」の違いを対比させてモデル化している。

「コートの中」、すなわちサッカーのピッチやテニスのコートの中の活動を主とする集団が「チーム」である。音楽や演劇の世界でいえば、ステージ上のフルオーケストラや宝塚歌劇の雪組や花組だ。ゴール――優勝とか世界新記録をめざし熱い闘いが繰り広げられる。ロール――主役や代表選手、一流監督の座をめぐる闘いもある。闘いのプロセスと結果の評価が、透明度の高いルールにより保証されているからこそ、時として勝敗を超える場面やシーンに感動が生まれる。

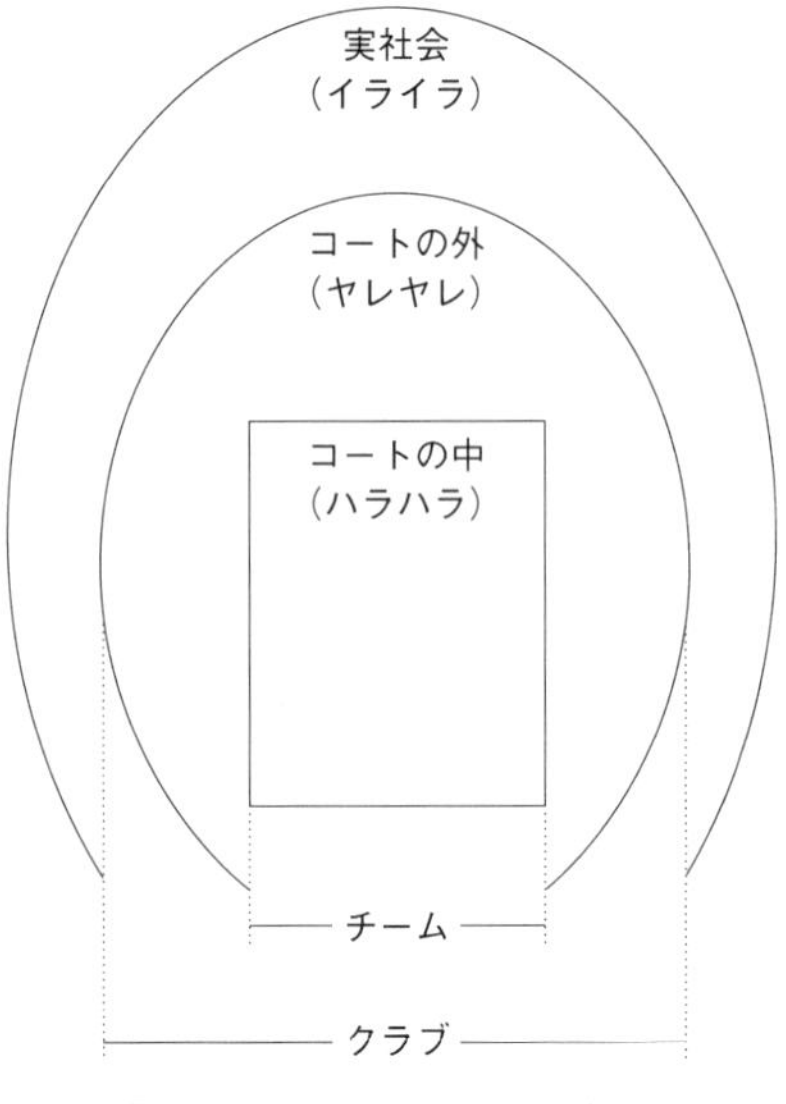

［図３］空間論をベースとしたスポーツ集団

●チームの激情

チームの人間関係、すなわちチームワークが見事に発露する瞬間を求めて、チームプレイの技を磨き、ハレの戦いの場、「コートの中」の演技に挑むのである。

「僕は見てはならぬ光景を見まいとして、眼をつぶった。近鉄フォワードの集団が通過した跡には、早稲田の若者の姿はなく、たけだけしい汗と肉のにおいが通過者の威力を物語って、たちこめているはずであった。が、早稲田のフォワードたちは、近鉄の猛攻に屈しなかった。むしろ、攻めこむ近鉄勢よりも、早稲田の石塚、佐藤らが果敢にタックルを繰り返していた。彼らの背に弾力がゆきわたり、意志が宿り、激情がほとばしっていた。かれらは若い野獣がサバンナを跳躍し、他の猛獣に挑んでゆくけなげさだった」。

わが国のスポーツジャーナリズムの先達、虫明亜呂無氏の一九七五（昭和五十）年の文章である。

「跳躍するごとに、かれらの全身から光がきらめいた。そして、かれらの跳躍の影の原動力であるかのように、他の早稲田の選手がかれらに殉じるように、地に倒れていった[*9]」。

「時代が違う」と若い世代の選手には笑われるほどのアナクロニズムかもしれない。しかし、選手本人たちは、この死と背中合わせのチームワーク言説を敬遠しがちであっても、視聴率至上のマスメディアは、「コートの中」のチームのイメージを、虫明氏の美文調に強く重ね合わせてスポーツ・ドキュメントをつくり、スポーツの世界の集団は「チーム」ということ、その中で熱く交わされるチームワーク精神を、ファンに、世間に、拡大拡散し、そして刻印したのである。

●チームモデルのスピリット

チーム集団はつくりやすい。なぜなら、テニスならダブルス、バレーボールなら六人、サッカーなら十一人、ラグビーなら十五人の集団を結成することがルールであらかじめ決められているからだ。つくりやすいけれど、その凝集度になると千差万別である。日本の集団イメージのベースをつくる物語の一つに、「忠臣蔵」の赤穂の藩士集団の結束の固さが挙げられる。しかし、初めは何百人といた武士集団が十人、二十人と抜け落ち、ふるい落とされ、四十七人というチームがつくり上げられたプロセスも見逃せない。

「去る者は追わず」というフレーズも、スポーツの集団づくりの利用度トップの格言といえる。この格言は誰が言い出したのか、いつの時代のものかを調べてみると、『春秋公羊伝』という書物の中の一節が原典のようだ。非常に団結力のある集団をつくるには、その過程でかなりのメンバーをふるい落としてから、芸術品のようなチームをつくり上げるのである。「量より質」とも言う。これも利用度は高い。「去る者は追わず」と「量より質」の二大フレーズこそ、日本の集団のベースをつくり上げてきた哲学かもしれない（人口も経済も右肩上がり成長の時代はこの言い方で通用した。しかし、これからはそうはいかない。「去るものは出さず」「量から質へ」でいくしかない）。

チーム――teamの語源は、一糸乱れずにそりや馬車を引く犬や馬の集合状態からきているという。A地点までともかく向かう、生き死にをかけて進んでいく、一人では達成できないからペアを組む、グループをつくる。「A地点」「生き死に」という具体的で切羽つまったゴールをもつ集団が「チーム」である。考えてみれば、日本のそれぞれの時代の集団は、「座」にしろ「講」にしろ、また「倶楽部」や「サークル」にしても、ゴールの設定を、強く一つだけに絞ることは少なく、またそこに幅があることが日本の集団の伝統であった。文字通りの共同体的な性格に近く、明治以降の結社的性格の集団も、そこに掲げられる集団の目的は「親睦」や「人間形成」がキーワードであった。特化された目的をもつ集団は、わが国のベースの集団にはなかったかもしれない。本来、ゆるく曖昧な結合体と言ってよい。

そういう歴史風土の中で、スポーツや音楽、演劇など文化創造にあたる「チーム」は、限定された意志をもつ特異な人々の集まりであった。人々は「実社会」の中では、先にも述べたように、ゴールもルールもロールもみな、ダブルスタンダード、ユルユルであり、いかようにも解釈できるようになっている。その点、「チーム」の集団は、明確なゴールとルールと役割分担でできあがっている。明治以降の西欧へのキャッチアップ型の近代化と戦後の社会、世間のリストラクチュア——再構築を図るうえで、学級のモデル、家族のモデル、職場のモデルに「チーム」はなりやすかったのである。

●チームの社会関係

「コートの中」は、「チーム」集団が活躍する場である。その社会関係は、一言でいえば「競争のための協同」の社会関係が基調になる。勝利のためにイレブンが、営業成績をあげるために課として、部として職場のスタッフがまとまっていく。家族の理想のモデルとして、あるいは全く逆のケース、ゲリラや軍隊の理想のモデルとして、そこで常に取り上げられたのは「チーム」であった。特に、サッカーのチームや野球のチームが具体的モデルとみなされ、また逆に神話化した軍隊や職場集団が、「チーム」のモデルを形づくる材料となることもあった。

「コートの中」のまとまりこそ、「チームワーク」といわれるものである。チームワークは、敵対する集団や社会があるのに同一の集団内での抗争や紛争、つぶし合いをやっているうちは、外部の敵への緊張感がまだ低いレベルかもしれない。内輪もめである。切羽つまってチームワークを高めるためには、有能な指揮官は外圧や外的報酬（金銭、人事など）という「脅迫」を利用する。「目には目を」「歯には歯を」といったスローガンがそれである（目を傷つけられた場合の報復は相手の目の攻撃に限定するのが、この闘争マナーの本来であったという。しかし、リベンジは拡大再生産される。「コートの中」のチームワーク精神が「コートの中」に留まらず、コミュニティーへ、職場へと拡大解釈されやすいのと似ている）。

この流れに抗《あらが》うように、最近の教育学やスポーツ心理学のテキストやマニュアル本では、そこで展開されるキーワードとして、「内発的動機づけ」とか「自己効力感」などが脅迫的外圧や外的報酬に優ると繰り返し主張されている。スポーツで相手に勝つことの喜びや勝って得られる利益を指導の中核に据えることは、人間形成上よくないという論が優勢になり、スポーツをすることと自体の楽しみや悦びを目的に、それを核として行われる指導が望ましい教育ということになっている。

往々にして教育学やスポーツの哲学は、タテマエ（あるべき論）が現実論に入れ替わることが少なくない。しかし現場の一人ひとりは、他者に、他のチームに負けぬため、勝つために協同し、自ずと団結する。そしてそこで得られた勝利に喜び、負けに悔しがり、再起、リベンジを誓う。その動かしがたい現実を正面から見る必要があるのではないか。問題は、そこでの競争が、チームの中でフェアな競争になっているか、フェアな競争相手かどうかが問題であり、さらにその競争が「コートの中」に限定されているかどうかのチェックが必要なのである。「チーム」というベースの集団の社会関係を「競争のために協同する」と明確に意識し、それが繰り広げられる空間を「コートの中」と限定するために、「実社会」から、先の中井正一のキーワードを用いれば「白線」によって囲い込む作業が求められている。

●犬ぞりとしてのチームワーク

チーム――teamという集団用語が、いつから市民権を得、市民生活の中に、その前に軍隊や学校の世界に入ってきたのかという検討はあまりされていない。筆者の憶測ではあるが、チームという用語が古くは犬ぞりや馬車の犬や馬を含んで使われた経緯のあることから、人間優位の西欧社会の中で古くはあまり用いられなかったのではないか。『社会学事典』（有斐閣）によると、一九三四（昭和九）年のK・ヤングの産業社会学の専門書の中に「チームワーク」として登場しており、作業の効率を優先する場合に使われていたようである。

わが国の場合、チームという言葉が社会生活の中でメジャーになっていくのは、一九六〇年代に入ってからではないか。何といっても川喜田二郎の『チームワーク 組織の中で自己を実現する』[*10]の一冊のインパクトには強いものがあった。文化人類学を専門とされる川喜田が、ヒマラヤや南洋諸島へ遠征隊を率いて何度も行く中から、この本のアイデアが生まれたという。犬ぞりを指して「チーム」という言葉が使われていたという経緯とだぶってくるところが面白い。さらに今の時点でこの本を見ると、そこでの主張は、組織の中での個人の復権を唱え、一つは業績という目的性をもつことの不可欠さと、もう一つはなれあいにならぬ強いリーダーシップを確立しようという提案であった。

これに比べると、アメリカ流の産業社会学やその中から出てくるグループ・ダイナミクスの手法の中のキーワード、we-feeling——われわれ意識などを見ると、個々バラバラであった西欧の集団の中の個人にどうつながりをつけるかがチームに求められた課題のように感じられる。西欧、特にアメリカの場合は、同時並行で社会の大衆化現象が進行するわけだが、それをスローダウン、ないしストップさせる集団、個と個をリンクする仲介集団としてチームに期待が集まったとも言えよう。個と個をつなごうというアメリカ流のチームワーク観に対して、埋もれやすい個を集団から引き離そうと呼びかける日本のチームワーク観の違いがそこに見出せる。

現代の高度ビジネス社会は、課題という目的と評価という信条に貫かれたチーム集団が職場、学校、コミュニティー、そして家族の関係の中でも優位を占める社会である。政治や経済、文化の世界もチーム集団が跋扈《ばっこ》し、チームワークの神話が独り歩きする「チームの時代」である。チームという言葉が、以前は犬ぞりの共同作業に限定されたように、今一度「チーム」を相対化、限定化していく精神作業が必要かもしれない。

●チームはクラスになりやすい

図４は、チームの中の社会関係をモデル化している。◎のメンバーは、技術的に高いメンバーであってもよいし、年長者でもよい。◎のメンバーが円環の真ん中にくると、スター型のネットワークといって、非常に強いまとまりと業績性を誇る（メンバー一人ひとりの満足度は概して低い）戦闘的な集団となる。「チーム」の究極のモデルである。◎のメンバーと○のメンバー間のネットワークを総じて「チームワーク」――「競争のための協同」の関係と呼んできた。

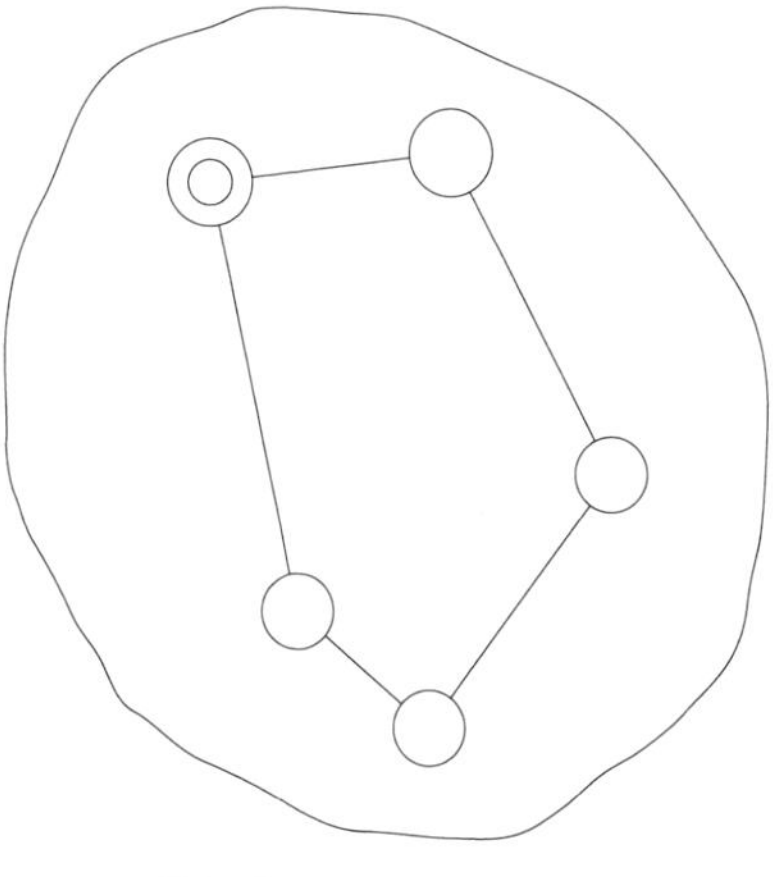

［図４］チームワークの原型

ロングセラー『タテ社会の人間関係』で、中根千枝氏はこの基本的集団を「『ヨコ』集団」と名づけ、その集団の特性に排他性と成員同士の平等性を掲げている。また同じ章の中で、「クラブ」のネットワークの原型をこのヨコ集団に求め、イギリスの紳士の特定クラブ成員の加入パターンを事例として挙げている。[*11]

私事にわたるが、研究者生活をスタートしたころの三十年前の自分にとって発想回路形成で最も示唆的な一冊の本をと問われれば、躊躇なく『タテ社会の人間関係』を挙げる。しかし、今の時点で思うと、ヨコ型ネットワークの集団は、「チーム」といった方がわかりやすく、その排他性と成員同士の平等性もそれが十分機能するには高い目的志向と課題意識があって初めて可能になると思われる。

図5は、「チーム」がメンバー間の社会関係を失い、課題性だけが残って機能する集団としての「クラス」を表した。一人ひとりがプレイヤーであり、それなりの能力も発揮する。しかし、メンバー間のつながりは薄い。われわれ昭和二十年生まれの小学校や中学校の一学級の人数は、五十人近かった。それが今や三十人学級になるかもしれないと

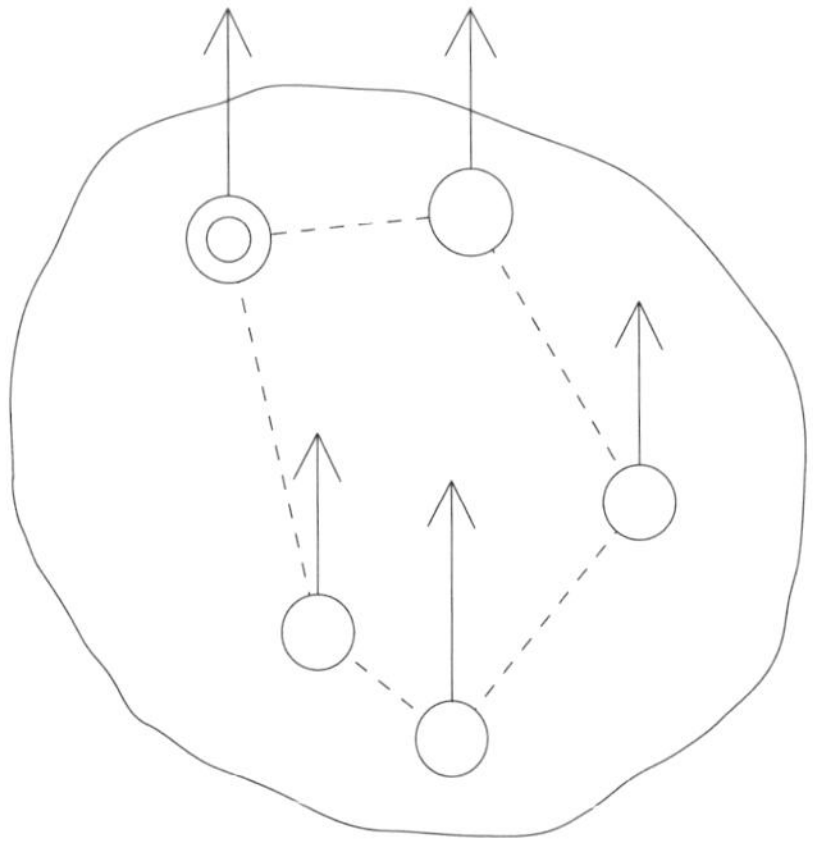

［図5］クラスの原型

いう時代である。クラスの規模を小さくしようということは、メンバー間のコミュニケーションを高めようとするのか、それともメンバー個々の業績向上を目指すのか。どちらを採るかで具体的な教師のマネジメントは全く違うものになるし、ひいては学校とは何かという本質論にもつながっていく。

破線状のネットワークを実線化しようとする試みが、クラスのチーム化である。現実には、クラスの中に「班」というチームをつくり、チームの平均値を押し上げることで、クラスの平均値を上げようとしてきた。しかし、現時点の「クラス」の展開をイメージすると、一人ひとりにパソコンが与えられ、パソコンの画面に集中することでクラスの業績の平均値を上げようとする「パーソナル・レッスン」の時代といえる。

●クラブの中にチームがある

図3に戻ろう。このモデルのエッセンスは、クラブの中にチームがあるということである。この認識は当たり前のようでいて、現実的にはまだまだ市民権を得ていない。実際、チームというと、サッカーなら十一人、テニスなら二人とつくりやすいこともあり、スポーツの世界の集団は、チームだけにスポットライトが当たり、それを支えるベースの集団であるクラブまでは届かなかった。

研究者たちもチームの研究を、会社の生産性向上の面から精力的に取り上げた。一方、クラブの研究も古くは民俗学や人類学、また社会学からも取り上げられてはきた。代表的なクラブに関する文献を一つ挙げるとすれば、F・L・K・シューというアメリカの社会人類学者の『比較文明社会論 クラン・カスト・クラブ・家元』[*12]になろう。一九六三（昭和三十八）年に原著が出され、半世紀近く経つ今、再考の価値が高い比較社会体制論的なクラブ論である。しかし、この本も含め、いずれの場合も、チームの研究はチームを取り上げ、クラブの研究はクラブを取り上げるが、チームとクラブの関係を比較しようとする視点はそこにはなかったのである。

日本の場合は、先のシュウ教授のモデルに従えば、ベースの集団はイエないしイエモト（家元）になり、クラブという脱家族、脱血縁の関係が育ちにくかったということになる。確かにわが国では、家族的ムードをつくるために職場や学校の中にサッカーや野球のチームを取り込み、職場、学校がコントロールするスポーツ集団を育ててきた。イエ・モデルの基本軸が親と子のタテ関係にあるように、学校が育て支える運動部は学校が親であり、チームが子であった。職場、学校というイライラ気分の「実社会」が直接担う「コートの中」中心の「チーム」集団は、「コートの中」でメンバーが練習、成長するほど「コートの中」空間を広げていく。一方で学校や職場という「実社会」からの期待は、「スポーツの勝ち負けは人生の勝ち負けに通ず」というフレーズに象徴されるように、「実社会」の価値や空間を膨張させる。その繰り返しの中で、「コートの中」の拡張と「実社会」からの侵食という二つのベクトルは、結果として、部といいクラブという名称はあっても、「コートの外」空間を狭め縮めてしまい、「チーム」と「クラブ」

は混同し、結局、われわれの中に、クラブの中にはチームは一つという観念を定着させ、クラブと言いながらチームでしかなかったという現実をつくり上げてきたのである。

●クラブの社会関係の複雑さ

「クラブ」と「チーム」は違う集団である。どこが違うかというと、「チーム」は「クラブ」に含まれる、そこが違う。「クラブ」が成熟し、その中に「チーム」を抱え、育てるということである。逆の場合もある。「チーム」がまずできて、それが膨み機能を拡大して「クラブ」になるというパターンもある。

「チーム」の社会関係は、「競争のための共同」である。その一番洗練された関係が「チームワーク」である。これに比べて、「クラブ」の社会関係は複雑だ。「コートの中」の社会関係を含みながら、しかし「コートの外」は先にみたG・ジンメルの「共存」という関係がベースになる。一言でいえば、「クラブ」の社会関係は、「共存のための協同」である。

問題は何と何が共に在るのか、ということだ。一つは、「コートの外」では、プレイヤーは「チーム」の役割から外れるから、一人のスポーツ・アマチュアとしてヨコ並びに共存する（アマチュアという、プロに相対してきたカテゴリーの言語は今や死語である。しかし、アマチュア、フランス語ではAmateurという語は、アモーレ、すなわち愛するという意味からきている。「コートの中」ばかりが拡大膨張する現代スポーツの世界は、アマチュアリズムという用語をプロ／

アマ浸透の流れの中で放逐したが、アマチュアリズムは愛好者精神という本来の訳語とともに復活すべきである)。もう一つは、クラブの中にチームがあるのだから、チームは一つであっても二つであってもよい。一つは、レベルAのチームとレベルBのチームであってよいし、子どもたちのチームと年輩者のチーム、あるいは男子のチームと女子のチームであってよい。それら複数のチームが、互いにコートやクラブハウス、メンバーの関係を微調整しつつ、ベース気分であるヤレヤレを基調に、「実社会」と「コートの中」の競争関係とは全く異なる共存の時空間をそこに出現させる。

「共存のために協同する」という精神は、「競争のために協同する」精神よりも構成するのが難しいことは言うまでもない。しかし、この精神こそが、社会の安定と秩序維持の基調となる。

4 クラブとは何か

●takeの関係の日常

「クラブ」の中に「チーム」が入ることを前項で説明した。また、「チーム」は、メンバー間にコミュニケーションがあっても、それは「勝利」や「業績」という目的達成のためであるということも説明した。素晴らしいアイスダンスのペアにしても、にこやかな笑顔はあくまで二人が二人のパフォーマンスをピークにもっていけるという技術と度胸があればこそである。「チーム」内部の社会関係は、互いを支え愛し合うようなアイスダンスの二人にしても、徹底して「take」がその基本だ。Takeとは文字通り「つかむ」や「得る」ことそのものである。スポーツチームの場合は、そのtakeの関係がフェアな状態の中で展開されることが求められる。

オリンピックの女子フィギュアスケートのアメリカ代表の座を元夫がライバル選手に暴行してまでつかみとろうとしたことは、アンフェアなtakeの行為であるが、「実社会」で行われたことで、よくあることと言えるかもしれない。水球の試合中に相手チームの選手のパンツをずらす、時に足蹴りをくわせることもアンフェアなtakeであるが、水面下ではチェックしにくい。

バスケットボールの基本の技術、フェイントにしてもルールで認められているからフェアである。フェイントばかりのプレイヤーやトリック・プレイばかりのチームがいたとすると、彼らは勝ったとしても賛辞を得ることはあまりないかもしれない。しかし、勝ちは勝ちである。激しいtake、あやしいtakeもあるが、ルールという限定条件の中でかろうじてフェアであり得る。

「実社会」の社会関係の基本もtakeである。自分の幸せを「つかむ」ことであり、よいポストやパートナーを「得る」ことである。「実社会」のtakeが厄介なのは、「自分の幸せ」という場合、A氏にとってはそれが金であり、B氏にとっては名誉であったりと、人によって異なることである。

「チーム」の場合のtakeは、勝ち負けが比べやすいことから制限時間の内に決着するが、「実社会」の場合は、制限時間という設定ができず、ずっとtakeし続けなければならない。それ以上にしんどいことは、A氏とB氏のtake——競争が果たして平等なチャンスのもとに行われているかという疑いである。能力によるtakeではあるが、そこには学歴や出自が影響し、男女の競争の場合、ジェンダーというハンディキャップも加わって、takeは基本的にアンフェアにならざるを得ない。いずれにしても、「実社会」のtakeはイライラ気分を強めるのである。

●give and takeの誤用

「クラブ」、その活動が繰り広げられる「コートの外」の社会関係は、そこがヤレヤレ気分という脱緊張、脱競争の空間であることからすると、takeではない関係が前提とされる。take――「つかむ」「得る」ではない反対の行為ということからすると、give――「与える」「贈る」が思いつく。テニスやバレーボールのサービス――「奉仕」などに近い（サービスエースは、本来あってはならぬ相手へのダメージだ）。あるいはチャリティーや募金という行為も含まれる。さらにこの行為がエスカレートしたケースとして、宗教活動の中で自分自身を神や仏に与える、帰依《きえ》にも行き着く。自分の子どもに愛情を惜しみなく、時に自分の生命と引き換えに注ぐ親の愛、またそれを一方的に享受する幼児、そういう母子の関係が思い描ける。

そこまでをイメージすると、クラブの社会関係は、takeだけでもないし、かといってgiveだけでもない。give and takeという関係を想定することは、自然の成り行きである。しかし、この熟語ほど誤解されて使われるフレーズはない。

「頼むよ、このコピー。枚数多いけど夕方までにやってくれよ」

「わかった。やるから、その代わりに夕めし、おごってくれる？」

「しょうがないなあ」

「ギブ・アンド・テイクでしょ」

この会話から理解できることは、give and takeとは、経済や商行為を貫徹する交換関係そのものということである。一〇〇円ショップで売られているものは、この間までは五〇〇円で売っていたものかもしれない。しかし、一〇〇円でないと売れないからその定価にする。近ごろの商業活動は、モノへの価値から定価がつくのではなく、当面の金を得るために一〇〇円の値をつける。必要だから買うのではなく、一〇〇円だから買っておく。商業活動や経済の本質を品物とお金の対等な交換とし、ギブ・アンド・テイクと呼べたよき時代ははるかに過ぎ去り、今のビジネス社会の商行為はむきだしのtakeのぶつかり合いそのものかもしれない。

「夕めしをおごってくれれば、コピーをとるよ」という言い方は、頼む相手への心理的負担を減らすという意味での気配りの表現と言う人もいよう。スマートな人間関係として賞賛したいと言う人もいよう。それを言う人の顔の表情や言葉のニュアンスなどで、気配りかもしれないし、脅迫になるかもしれない。

●give and takeは互譲

「クラブ」のメンバー同士の頼み方はどうなるかをシミュレーションしよう。

「どう、もう1ゲーム、つきあえない?」

「うーん、ばて気味で……。いいボール打てないけど、いいかね」

「もちろん。いてくれるだけでいいよ」

先ほどの職場での頼み方とは、頼む内容とそもそも場が違うと言われればそれまでである。しかし、ここに見られる「いいボールは打てないかもしれない」とか「いてくれるだけでいい」というやりとりのニュアンスは、何かを担保にして交換するという関係ではない。お互いに譲り合うという精神が、その関係のベースにある。give and takeの一般的な訳語をみると、「公平に交換する」という訳もあるが、同じくらいのウエイトで「互いに譲り合う」という訳が挙げられていることに注目したい。因みに、「互譲」を国語辞典で引くと、「自己の利益ばかりにとらわれず、他人の立場も考えて、互いに譲り合うこと」などと記されることが多い。

クラブのコートでの二人のゲームが終わったとする。つきあってほしいとオファーしたA氏は、シャワールームかどこかでB氏に言うだろう。「ありがとう。どう、一杯、おごるよ」と。

「チーム」の社会関係の本質はtakeであり、チームの仲間とはこういうやりとりは成立しない。チーム内部は互いの力量やキャラクターはよく知られており、互いのコンディションをさぐり合うような、徐々に互いの距離を縮めるような時間は介在せず、より直截《ちょくせつ》的である。疲れ気味の人やレベルの下の人に面倒をかけることはまずしない。

「クラブ」の社会関係――give and takeが成り立つためには、いくつかの条件が必要になる。その基本はいま述べたような、ゆったりと流れる時間（与えてから与えられるまでの時間差が入る互譲、あるいはアメリカの経済学者、K・E・ボールディング博士が一九七〇年当初にいう「互恵」の関係[*13]、川喜田二郎のいう先輩が後輩に教え、後輩がその下の後輩に教える「順次指導制[*14]」といった時間の関係性）に耐えられる「ゆとり」である。

ビジネス社会のbusinessのbusyが「忙しい」にあることは言うまでもない。ビジネス化するスポーツや文化活動の世界の中で、こういった時間が流れるクラブ空間をキープすることはい

合宿で、宿舎はお寺、プールは学校のものを借り、そのお返しに子どもたちに水泳教室を開き、人気行事になる——広島市立大学水泳部夏季合宿、千代田町、1998年

かに難しいかは想像に難くない。確かに社会のハイクラスやアッパークラスの人たちには、金銭的なゆとりはある。ヨーロッパにおいてもわが国においても、クラブ空間はその人たちによって維持されてきた。しかし彼らにしても、日ごろからオーナーとしての役割を遂行しなければいけない人たちで、クラブを維持するために「コートの中」をビジネス化しなければならず、「コートの中」のトップのチームにスポットライトを浴びせ続け、結果として「クラブ」をチーム化、ビジネス化してしまったのである。

こうしてクラブの社会関係——give and takeは失われ、takeが優勢し、クラブはチームに取って替わられた。ヨーロッパのスポーツクラブを維持するには、互譲の精神ではやっていけない。イングランドの名門クラブ、ポーツマスのように、クラブの運営は利潤を追求するビジネスであって、GK川口能活選手をトレードに出そうとしたりすることは日本のファンにとっては非情な例でも、ヨーロッパにおいては日常的である。日本の新興スポーツクラブの場合、七〇年代に立ち上げたオーナー社長たちが年齢的に交替期に入っており、その相続税が払えずクラブが消滅している。ビジネス感覚を取り入れないとクラブは崩壊する。動かし難い現実である。クラブは維持しにくい時代に入っている。

●クラブの本質論

互いに相手の立場を認め合うという互譲の関係がなくては、「コートの外」の社会関係――「共存のための協同」の関係は成立しない。しかし、ビジネス化した現代社会の中でその関係を維持することは至難の技である。クラブという社会集団のそのクラブという言葉自体に本来含まれていたものは、何だったのだろうか。

今から二十数年前の仕事である。スポーツ史のシンポジウムに関するプロジェクトで、広島大学の本部図書館（古書の類がそろっていた）に連日入りびたり、スポーツ関連用語が辞書の中でどのように訳されていたかを調べたことがある。

一八七一（明治四）年発刊の『袖珍英和節用集』（吉田庸徳著、東京）と『通俗英吉利単語集』（擇善居蔵枝著、横浜）が、閲覧できた辞書の中では最も古かった。その中には、clubという項目はない。スポーツ関連用語としては、唯一、sportsmanが両方の辞書に出てきて、同じように「猟師」と訳されている。しかし、一八七二（明治五）年発刊のJ・E・ヘボンの『Japanese-English & English-Japanese Dictionary』（New York）の中には、和英のパートの中に、「kumi」の英訳語としてcompanyやband, leagueなどと並び、最後にclubが挙げられている。英和のパートを見ると、和訳語としてBo,つまり棒、nakama——仲間、renju——連中が挙がり、熟語としてclub togetherが取り上げられ、「renju wo kumu」という訳を当てている。明治四年というと、郵便や鉄道が限られた範囲で開業し、当時の日本人を驚嘆させた年である。clubなどという言葉を知る人はほとんどいなかったであろう。

明治五年の『英和對譯辭書』（小林新兵衛著、日本橋）になると、スポーツ関連の用語はかなり増える。club-houseは會所、club roomは仲間、集會所と訳され、面白いのは、club-lawという熟語が取り上げられ、「法則ナクシテ威勢ニテ支配スル」などという訳が添えられていることだ。

ヨーロッパの中でクラブが書物や辞書の中にどのように扱われてきたかを見ると、興味深い事実や今の常識を超える解釈を見出せて興味深い。しかし、本書ではスペース上、省かざるを得ない。その一部については、前章「スポーツを『集団』から読む」の「西欧のクラブの原型」の中で触れた。要するに、clubという語を建物として見るか、それとも人々の行動様式、関係様式として見ていくかである。特に後者を意識すると、「club together」という使われ方の系譜は注目される。

●club togetherの意味

club togetherという熟語の訳として古い辞書の中に見える「renju wo kumu」は、「連中を組む」である。連という集団がサークル的な性格をもつといわれることは、「スポーツを『集団』から読む」の「日本のクラブの原型」の中で佐々木高明の知見を紹介した。連という言葉そのものにサークル的なニュアンスが含まれ、さらに駄目を押すように「組む」と記している点が注目される。

その場限りでなく何らかの目的をもち、円環を閉じるようにメンバーを限定する組織論で地域で活動するというパターンは、江戸から明治にかけては珍しい結社の様式であった。なぜなら、当時の農民や町民の行動は、家や隣近所の延長の組という決められた集団の中で繰り広げられていた。連を組む、すなわち集団を新たにつくるということは、共同体の中ではあってはならないことだったからである。

和英のパートの中で「kumi」に当たる英語として、companyとclubが同列に挙げられているのも、今の感覚からすると奇異である。companyすなわち会社とクラブが同じカテゴリーの中に入れられているからである。会社といいクラブといっても、明治のころは仲間感覚でモノをつくり売り、一方クラブの場合は、訳語としては「倶楽部」であっても、社会のため、日本のためにコトを成そうという意気込みが高かったからか。今風に言えば、クラブ感覚で会社がつくられたり、会社のようなクラブ、NPO感覚のクラブが都市部を中心に雨後の筍のように出現してきたのである。

現在の英和辞典で「club together」を引くと、その本来の意味がよくわかる。古い使われ方の典型例として挙がるのが、「They clubbed together for the purpose」[*15]——彼らは目的のために互いに出し合う、あるいは持ち寄る、である。何を出し合うのか？ ストレートな表現をとれば、「割り勘」、金を出し合う、これがクラブの社会関係の基調である。クラブとは、金をもらうところではなく、金を出して自分たちの楽しみや夢を買うところなのだ。クラブを取り巻く「実社会」の金の流れ方は、いかに金を相手より多く得るかにつきる。しかし、クラブ空間は「実社会」の金の流れとは対極にあり、金を出し合うところなのだ。

●クラブと階層

club together、すなわち「割り勘」という社会関係は、個人にあてはめると厳しい掟といえる。決められた金が払えなければ、その集団の成員としては資格を得られないからである。スポーツや文化が大衆化するにつれて、会費としての割り勘の金額は減少してきた。しかし、社会が中流化し、階層は昔のように固定化していないといっても、例えば今のわが国のスポーツクラブの現状を見ると、年会費に一万円を払う人々の数は圧倒的に少ない。年会費一万円のクラブ、年会費十万円のクラブ、一〇〇万円のクラブ、クラブの階層性は厳然として存在する。

よく出されるイギリスのクラブの事例として、アッパークラスはクラブでお酒を飲み、大衆クラスはパブで、というレポートが少なくない。パブとはpublicのpubである。名門ゴルフクラブが女性を正規の会員として認めなかったという事例とフェミニズムの側からの抗議も、クラブの本質――「割り勘」からすれば説明はつく。なぜなら、西欧社会は原則的に男が財布のひもを握っており、女は自分で金を払えなかったのである。

クラブの本質をclub togetherに置いてその原則から現実を見ると、割り勘を楯にして仲間意識を強める、すなわち外に対しては閉じていくという方向と、少しでも多くの人が入会できるように割り勘の額を落とす方向、そして自治体や企業から補助金を得る方向の三つがある。クラブの母国であるヨーロッパの国々では、この三つの方法を組み合わせてクラブの自立を維持している（アジア、少なくとも中国には割り勘という関係はないので、日本に来てショックだった文化差の一つということを留学生から何度か聞く。アジアにはクラブという関係様式が弱いということと関係があるのかもしれない）。

しかし、日本の場合のクラブの構造は特異である(図6)。A、Bをコミュニティーか職場としよう。日本のクラブの場合、U層すなわち社会のアッパークラスとL層＝ロワークラスは、AとBがムラ別の対抗意識をもつこと(分断による統治)、したがって同じ共同体の中の和を保つという同調性が強まること、そして、クラブという地域を啓蒙する開明的な集団には自治体が補助金や寄付金を与えるということから、タテにつながりやすい。これに比べると欧米の場合は、U層はU層、L層はL層でつながり、また一つの地域や職場を越える。日本型のクラブではU層とL層は融合の関係にあるのに比べ、西欧型は対抗的な関係にあるといえる。

融合の精神がまずあってU層とL層がタテにつながるのか、補助金というメリットがある(当時の生産力や経済力では割り勘にする余剰がない)からタテにつながるのか、おそらくそれは相互に絡み合うものだろう。そしてその基底には、地形上も山や海、川で分割され、春夏秋冬という変化する風土の中で、生産形態もきめ細かくチームで農作業や狩りをすることなどが重なる「実社会」の生活様式も、日本型のクラブの構成原理を規定していると思える。

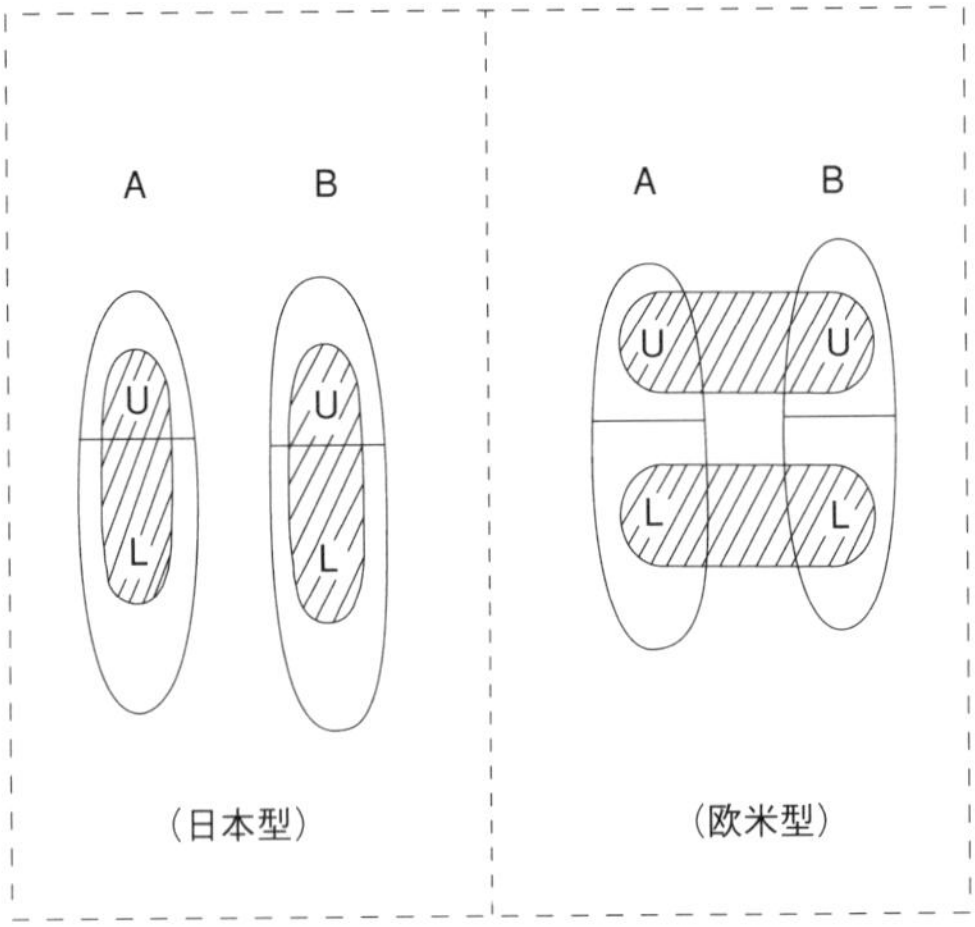

［図 6］ クラブ形成の簡略図

●クラブワークの提案

「チームワーク」は「コートの中」の関係の様式である。この社会関係については、ヨーロッパやアメリカ、あるいはアフリカなど多民族、多人種、しかも地続きの国々とは異なるわが国の「実社会」の構成上の特異さもあって、「競争のために協同する」という関係、目的を絞り環を閉じて驀進するというパターンはなじみやすかった。したがって、「コートの中」のチームワークと「実社会」のチームワークは互いに相乗効果を発揮しつつ、社会全体をきわめて均質度の高いものへとグレードアップさせた。社会学者の真木悠介氏は、集団のまとまりを二つのパターンに分け、一つひとつの花房が微妙な色の違いを見せながら咲きつつ全体としてもふっくらする紫陽花《あじさい》型と、一つひとつの米粒がこねられ固められ強い弾力性をもつモチ型に分けている。[*16]これは、一九七〇年代後半の凝集性論ではあるが、二十一世紀に入りビジネス化が激しく日常になりつつある今の社会にこそ、この区分の有効性があるかもしれない。

「チームワーク」の論理は、いうまでもなくモチ型のまとまりである。紫陽花型のまとまりは、クラブの社会関係、「共存のために協同する」に似合う。微妙な色あいの花びら一枚一枚の差異をそのままに全体の花房が豊かに膨らむのである。それらのイメージを「チームワーク」という言語に対して「クラブワーク」と表現したい。

図7は、その二つの社会関係の違いを強めてモデル化したものである。先にも述べたように、クラブの中にチームがあるのだから、チームは複数あった方がクラブらしい。◯のメンバーが

多いチームは一軍のチーム、プロのチームであってよいし、×の多いチームは初心者やあるいはファンを中心としたチームでもよい。レベルごとのチームに対して、男子のチームと女子のチーム、大人のチームと子どものチーム、サッカー中心のチームと陸上競技中心のチーム、さらには演劇のチームがあり、同じ施設、「コートの中」の体育館やグラウンド、ステージ、「コートの外」のクラブハウスやレストランを共同利用、活用する。そういう社会的技術を「クラブワーク」の基本としたい。

クラブワークの適用例としては実際には、「21世紀に活きる店舗経営手法　クラブワーク」という華々しい見出しのもと、クラブワークをマネジメントに取り入れ成功している例を紹介しておきたい。北九州市の野口石油の経営法である。小見出しとして「チームワークは幻想、野

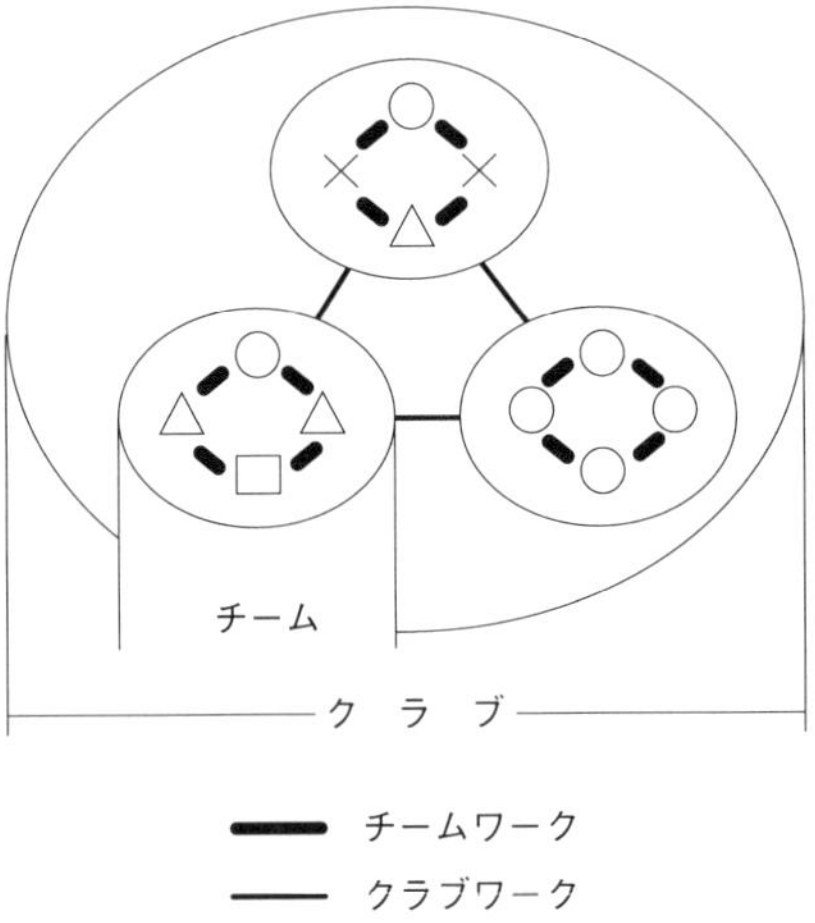

［図7］チームワークとクラブワークの関係モデル

口石油の実際奏功」として表記されている（「日刊油業報知新聞」二〇〇〇年十月五日）。

●富士山モデルとしての日本システム

一方、日本の社会システムをモデル化すると、おおかたピラミッド型として説明されてきた(図８の左モデル)。頂点に立つのはファラオ、絶対君主たる王であり、ピラミッドの最底辺にいる奴隷までをトップダウン式に支配するというピラミッドモデルである。中根氏の社会論の中核をなすモデルも、ピラミッドである。ただし、氏のピラミッドモデルは、無限大にねずみ算式に人が増える開放系であると説明する。この指摘は独特である。一般にタテ社会論は、トップダウン型の支配であり、閉じられた系として理解されているからだ。

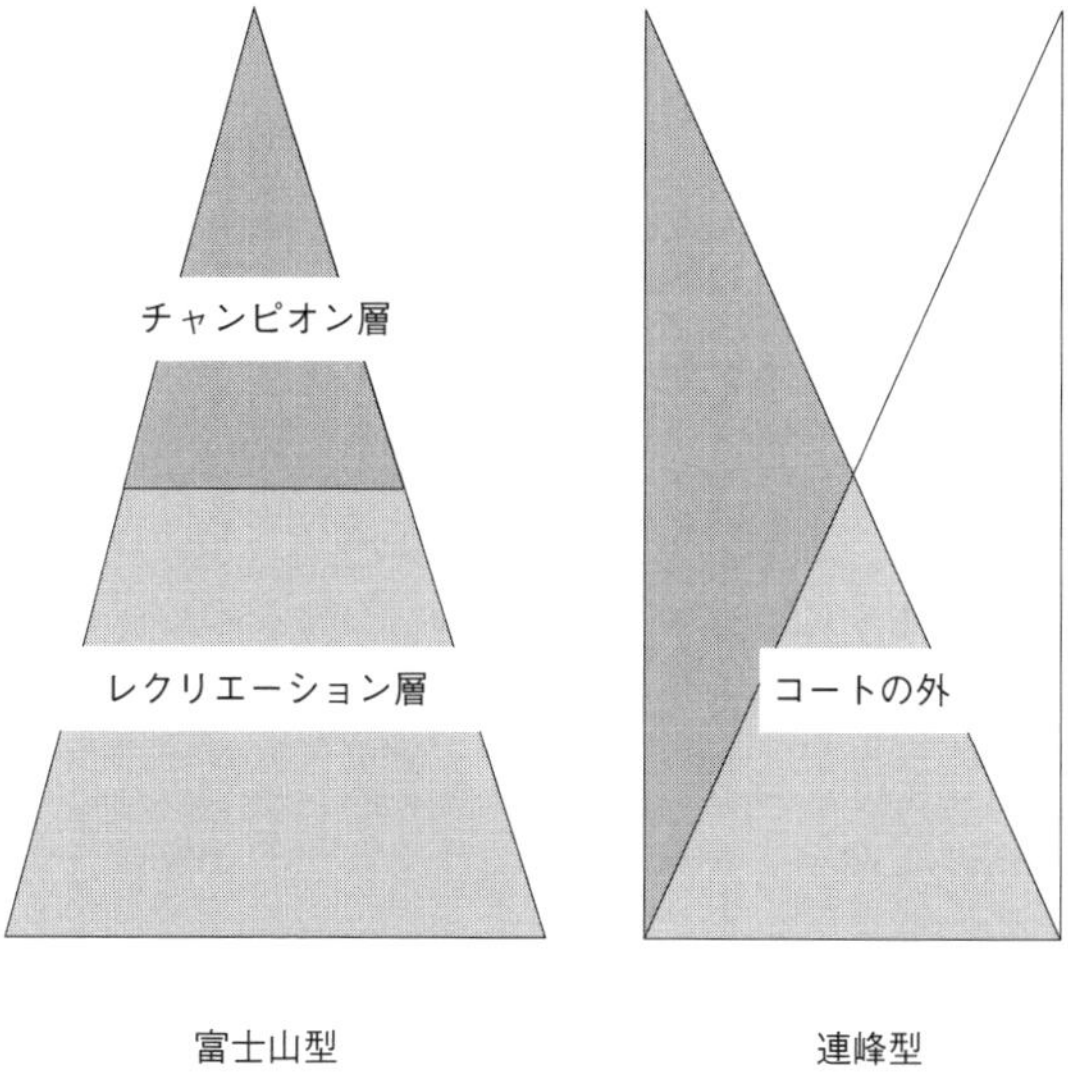

［図８］富士山型と連峰型

日本の理想のスポーツ・システムは、内容的にはピラミッドモデルで、ネーミングとしては富士山型として語られてきた。頂点に立つのは、オリンピックの金メダリストたちである。それを支える大衆スポーツマン、時に彼らは「底辺」と呼ばれ、さらに底辺拡大論のモデルとして一般化し、大多数のスポーツマンやファンは金メダリストを支える手段として見られてきた。金メダリストという高さのある頂きがあってこそ、裾野が豊かに広がる――スポーツ人口が拡大するという理屈である。

これに対して、まず裾野――大衆化への支援があって、スポーツ人口の膨らみがあり、その中から押し上げられるように頂きに立つチャンピオンこそ本物という反論が出される。革新系の政党をはじめ、かなりのスポーツ評論家、研究者たちは、アンチ日本体育協会（東京オリンピックが終わり、一九七〇年代にかけて大学紛争、公害問題など社会が急速に安定感を喪《うしな》い始める時期とも重なる）であり、金メダル至上主義に対して否定的であった。頂点をつくるため、金メダリスト候補をピンポイント式にセレクトし徹底強化してメダルをとらせる――それが効果的な刺激になり、大衆スポーツマン、ファンも増えるというトップダウン効果を狙う富士山モデルに対して、スポーツの普及型は国民がスポーツをする権利をまず認め、スポーツの環境整備を図ることから真の富士山はつくられるというボトムアップ型との政策論争が華々しく行われたのである。

一九八〇年代後半以降になると、オリンピックのメダル獲得が極度に不振に陥る中、富士山型では時代遅れ、富士山の横に一本のエリートコースを立ち上げるペンシル型などのモデルも提案されるが、メディア・スポーツの隆盛は、オリンピックのメダリストたちでは大衆化の刺激にならず、競技スポーツに志向するジュニア層はかえって少数化してしまった（音楽や絵画など文化系クラブの場合、高度化と大衆化の関係モデルも示されず、また議論もあまり聞かない。モデルでいえば、それぞれ別個のツインビル型であろうか）。

●連峰モデルとクラブ

一九七〇年代に入ってから、スポーツ指導者の海外研修や、少し遅れてスポーツ・ツーリズムが一般化し始めた。行く先は、敗戦国家をスポーツ振興計画（ゴールデン・プラン）により奇跡的に復興したとされる西ドイツが中心だった。特に、学校や職場の中のスポーツ振興の「クラス」のシステムに慣れた指導者や選手にとって、ヨーロッパの伝統的な「地域」のクラブシステムはカルチャーショックであった（戦後の教育改革が学校―クラス中心のアメリカモデルにあったことが影響している）。海外へ出た現役第一線のリーダーたちは、ヨーロッパのクラブは同じクラブの中にプロのサッカーチームと子どもや遊びレベルのチームもあること、同じクラブ員同士で芝のピッチやクラブハウスで楽しんでいるというシーンを強烈に焼きつけて帰国し、それを報告した。一九六〇～七〇年代にかけての富士山モデル、トップダウンかボトムアップかという権力コミュニケーション構造の論議に加え、ヨーロッパ型のクラブ・モデルを富

チームがクラブに脱皮する第一歩はクラブが主催、主管するオープン大会がチャンスである。ユニークな大会を期待したい――広島市立大学バドミントン部オープン大会、2000年

士山で描いた図柄がだぶり、とにかくいい格好の富士山をつくろうという観念がほとんどのスポーツ関係者、指導者、ファンに刷り込まれた。

図8の右モデルは、富士山モデルへのカウンターとして、一九八〇年代後半に筆者が提案したものである。チャンピオン層とレクリエーション層（層をチームと言ってよい）は、富士山モデルのように上下関係の中でコミュニケートするのではなく（実際にはコミュニケートできる関係にないが、助け合いや支え合いという名目的な教育言語で理屈づける。一九七〇〜八〇年代にかけて、体育会VS同好会、レギュラーVS補欠という関係で反目、無視するケースが大半であった）、チャンピオン・チームは彼らのパワーとセンスで彼らの「コートの中」で練習とゲームをし、レクリエ

ーション・チームも彼らのパワーとセンスで彼らの「コートの中」を楽しむ。チャンピオンという価値とレクリエーションという価値は、富士山モデルとは違い、ヨコ並びにある点が、連峰型と命名したゆえんである。二つのチームがコミュニケートするのは、二つのチームがクロスするクラブハウスやパーティーなどイベントの時空間——「コートの外」でそれが展開されるのである。

ヨーロッパ・モデルを日本に普及しようとした当時のトップリーダーたちが、スポーツシステムを富士山型でなく連峰型で描いたとしたら、その後のスポーツ振興は違う展開を見せたのではないだろうか。しかし、芝のコートもなく、そもそもクラブの構成原理が図6で見たようにアッパークラスとロワークラスがタテにつながる伝統が強い日本では、また高度成長経済のアクセルかけっ放しの時代の上昇志向、中央志向の価値観に対して、ヨコに開くという連峰型(道州制とをかけて使った)はほとんど逸脱型のモデルとして扱われた。

富士山モデルを構成するベースの集団は「チーム」であり、連峰モデルはチャンピオンとレクリエーションという個別の「チーム」が「コートの外」を介して構成される「クラブ」が基本である。さらに、競争形式に接続させていえば、富士山型は「一発勝負」「勝ち上がり」「敗者復活なし」のトーナメント型であり、連峰型は「能力別」「総当たり」「入れ替わり」のリーグ戦が基本型である。前者は中央集権からファシズムへ、後者は地方分権からデモクラットなシステムへとシフトしやすい関係様式と言えるかもしれない。

■引用文献

(1)阿部生雄『スポーツの概念史』宇都宮大学教育学部研究報告、第九号、一九七六年、一〇〇頁
(2)T・ヴェブレン／小原敬士訳『有閑階級の理論』一九六七年、岩波書店
(3)J・ホイジンガ著／里見元一郎訳『ホイジンガ集1　ホモ・ルーデンス』一九七一年、河出書房
(4)R・カイヨア著／清水幾太郎／霧生和夫訳『遊びと人間』一九七〇年、岩波書店
(5)中井正一「スポーツ気分の構造」『思想』一九三三年五月号、久野収編『中井正一　美と集団の論理』(一二刷)、一九七五年、中央公論社、一七五頁
(6)中村敏雄『オフサイドはなぜ反則か』一九八六年(二刷)、三省堂
(7)G・ジンメル著／阿閉吉男訳『社会学の根本問題』一九七三年(初版第六刷)、社会思想社、七七頁
(8)三島由紀夫「実感的スポーツ論」一九六四年十月二十一日讀賣新聞
(9)虫明亜呂無「力と技」『チームワーク』一九八〇年、河出書房、三三～三四頁
(10)川喜田二郎『チームワーク　組織の中で自己を実現する』一九六一年、光文社
(11)中根千枝『タテ社会の人間関係　単一社会の理論』一九七八年、講談社、一一六～一三五頁
(12)F・L・K・シュー著／作田啓一・浜口恵俊訳『比較文明社会論　クラン・カスト・クラブ・家元』一九七一年、培風館
(13)K・E・ボールディング著／公文俊平訳『愛と恐怖の経済　贈与の経済学序説』一九七七年(三刷)、佑学社
(14)川喜田二郎、前出(10)、八六～九〇頁
(15)中島文雄編『岩波英和大辞典』一九七〇年、岩波書店、三一六頁
(16)真木悠介『気流の鳴る音』一九七七年、筑摩書房、一二～一七頁

第3章 クラブの機能論

1 クラブを取り巻く時代

●クラブのリストラ

クラブをつくり、維持するうえで、今の時代は向かい風、アゲインストである。衣食住の基本的欲求もほぼ満たされ、必要性からモノは買わず、ブランドやイメージを買わされるその仕組みへの飽きが、フリーマーケットに象徴されるモノの所有から循環的な利用、活用への途を開いた。したがって、モノは売れず、モノを造る第二次産業をベースとした企業のスポーツクラブはリストラされざるを得なくなった。チームの活躍で社員のモラールが高まり、品質も向上し、会社の宣伝になり、モノが売れた時代は、せいぜい一九八〇年代まででであった。企業名はCM産業主導でそれなりに浸透し、製品名は各種カタログや通販、ITで細かく知られ、職場への帰属意識はバブル経済突入で選手本人からも社員からもすでに喪失している時代背景が進行していた。大企業の部や課はさらにチーム化し、「コートの外」空間で社員とチーム選手が応援、交流するゆとりなどは過去のものになった。

学校のクラブを取り巻く状況は、さらに深刻である。戦前の子だくさんから戦後の二人っ子、そして一人っ子、さらに子なしに向かおうとする少子化によって、数少ない子どもをテニス部やブラスバンド部、陸上部などが奪い合い、一人ひとりの子どもを「コートの中」の能力や精神力の面から格付けするようになった。モノになるかならないかという二分法が、指導者と生徒、親に浸透し、クラブに入る子はモノになる子、モノにならぬ子は勉強という専門化――チーム化の現象が、小学校、中学校、高校のクラブ数と部員数の減少化の隠れた根本要因である。

「多くの学校がそうだと思いますが、生徒の数が減ってきてクラブの数が減るという話を聞いて、私は不安になりました。（中略）私の所属するクラブは人数が多く大丈夫だったけど、休部になるクラブの人たちは今まで真剣に練習してどんどんうまくなっていたのに、他のクラブに移らないといけません。新入生も入ろうと思うクラブがなくなり、がっかりする人もいると思います。たとえクラブが存続しても、人数が少ないと練習に張り合いがないし、試合にも出られないので、やっぱりショックだと思います。（後略）」（「少子化でクラブ減少し残念」中学生、藤本文代、十三歳。「中国新聞」二〇〇一年三月七日、ヤングスポット）。

クラブを取り巻く環境が激変する中で、クラブ再生の取り組みが関係者の必死の努力で出始めている。だが、チームとしての再生かクラブとしての再生かの検討はあまりなされていない。学校週五日制や総合学習への対応で追われ、教科外のクラブまで手が回らないのが現実である。

●評価の時代の中のクラブ

クラブは少子化という現実の前に衰退し続けるのであろうか。少子化は、モノになるかならないかという二分法の予測を強めるという傾向を指摘した。チームの人数が少なくなれば、その分、チーム内の一人ひとりに時間をかけてトータルに見守り育てられるはずである。しかし現実は、時間をかけたその分、指導者も選手本人も結果を気にせざるを得なくなる。選手も選手の周囲も、ライバルとの客観的な比較評価を求めざるを得ない。カネとテマをかけたのだから……。

モノになりそうもないからクラブに入らないという判断も、ひとつの評価である。少子化は一人ひとりにテマヒマかけるだけに、クリアな評価が求められる。しかし、そのことがクラブ員の少数化の傾向に拍車をかけることはないだろうか。

この議論をよく見ると、そこには暗黙の了解事項がある。評価とはモノになれるか否かであり、その場合のモノとは「コートの中」のtake、すなわちチャンピオン・チームや選手になれるか否か、ストレートにいえばプロになれるか否かである。スポーツ・メディアの影響も見逃せない。メディアは予測性や可能性を絵にできないから、結果中心で編成せざるを得ない。こうして「コートの中」の勝者だけが、スポーツの世界の勝者になり、「チーム」が前面に出て、「クラブ」は後退する。評価を取り入れようとするほど、「コートの中」の「チーム」の成績に縛られて一元化の傾向を強めてしまう。

筆者は平成六年から十三年まで、国のスポーツ振興基金の審査委員を四期勤めた経験がある。評価というものについて、つくづく考えさせられた。

この基金制度は、平成二年度の国の補正予算から二五〇億円の出資をし、民間の寄付と合わせて原資金とし、その利息の金でスポーツ振興に関する助成金を出そうとするものである。基金制度がスタートしたころは、銀行の利率もよく、約二十億円の助成金が出されたが、平成十三年の現在は八億五〇〇〇万円ほど。また、平成二年当初は助成の件数が約一五〇件、平成十三年では五〇〇件近くになり、事務局がある日本体育・学校健康センターは苦労を重ね、会議の席でも度々その苦心が披露された。

●評価規準の難しさ

五〇〇件を超える申請が出されると、その一つひとつについて書類作成のチェックや資格の点検が事前になされ、配分査定額として会議の当日に案として冊子の形で配布される。選定規準の説明がされ、具体的な助成案が事務局から説明される。それを聞き、数字の一つひとつを追うだけでも大変な集中力がいるほどの量である。

一つひとつの規準については、それを見る限りでは合理性にのっとっており、それに基づいて配分額が決められる。スポーツ振興全般の助成であるから、競技スポーツ（チャンピオン育成分野）と生涯スポーツ（レクリエーション・レベル）の二つに大別される。競技スポーツと生涯スポーツへの助成金の比率はほぼ三対一で、スタートのころよりこれが規準になっている。「なぜ三対一なのか。見直すべきではないか」という意見が生涯スポーツ関係の委員より度々出されるが、その変更はなかなか難しい。富士山型モデルで見たように、チャンピオン上位は動かし難い伝統規範なのである。

一番の問題は、規準の代案を出しにくい点だ。競技スポーツの方は、オリンピックなどの実績の評価なので点数化しやすいし、そういう数字が出されると納得せざるを得ない。選手生活を送るためには金がかかる現実を、委員も運動部のOB・OGなのでよくわかっている。どうしても、「コートの中」の成績に意識は向かわざるを得ない。評価そのものは必要だし、それがチームや指導者のインセンティブになる。しかし、評価は評価自体が組織全体の方向を自発的にソフトに規定する力をもつ。評価の評価をする、評価の指標を検討しないと、スポーツや文化活動（文化振興基金もあり、こちらの基金は五〇〇億円。どういう評価基準か、スポーツの評価とはどう違うのか）そのものの展開が長い目で見ると偏ったものになりかねない。説得力のある基準の枠組みがないと助成金を重点的に配分できず、全体として効果の上がる制度にならない恐れもある。

図9は、一九九六年十月に個人的に提案したスポーツ団体の助成規準についてのコメントの一部である。メダルの数だけでなく、団体の登録人数や財政力なども入れている。最近、注目されているカナダのスポーツ振興モデルでは、スポーツ団体の助成を二十の規準からカウント

し、その中には「女子職員の割合」や「公用語（英・仏語）」まで挙げてある。[*1]

評価をめぐる同じような問題は、たくさんあろう。根本には、文化活動やスポーツ、ひいては教育には評価はなじまないという考え方がある。俗っぽく言うと、「短期間での結果を求めるべきでない」という伝統的な観念があるからかもしれない（大学の教員評価も同じ。論文の数が優先し、教育力や地域貢献はカウントされないのが一般的だ。やはり、この二つは数値化しにくいからだ）。

●クラブの機能を評価する

クラブの評価とは、クラブという集団の機能をどう設定するかということから始まることになる。集団の機能を豊かにすることが、その集団に対する評価を変え、クラブの社会

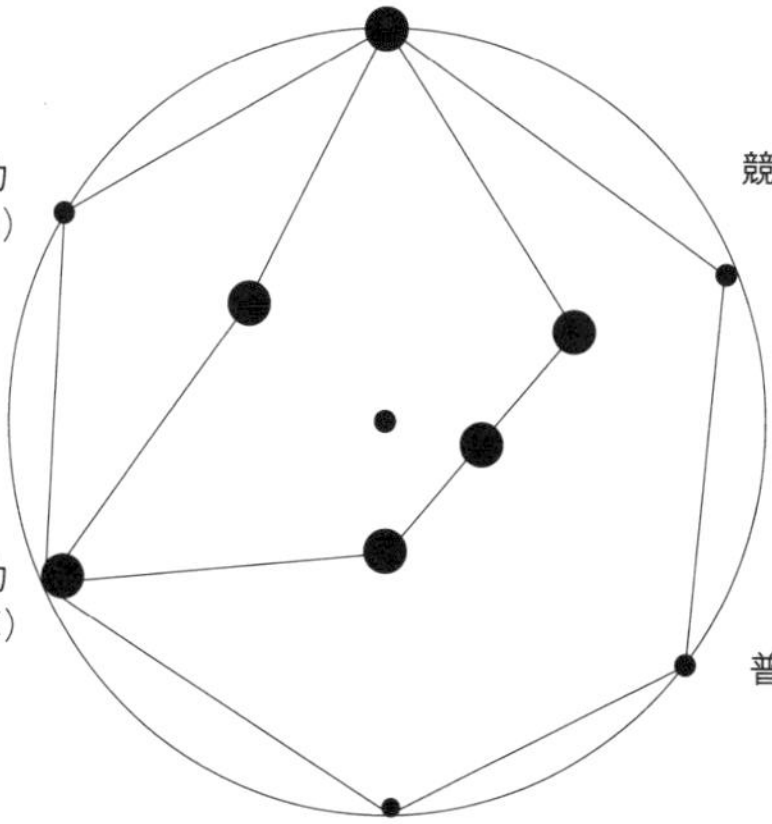

［図9］団体助成の基準案

的価値を高める。反対に「チーム」の評価はメダル数という認識だ。「クラブ」の評価を「チーム」と同じようにしているわれわれの日常感覚こそが問題になる。

センスや価値を標準化しやすいメディアに取り囲まれている日常も見逃せない。そのメディアのコンテンツ（内容）のかなりの部分がスポーツである。空き地で三角ベースをする「ライブなスポーツ」からでなく、スポーツ・コミックやスポーツ・ドキュメントを見る「メディアなスポーツ」から野球やサッカーの世界に入っていく世代が大半である。メディア・スポーツにより、野球やサッカー、水泳など個々のスポーツ種目は生活の中に日常的に入り、生活空間がスポーツ・メディア化した。しかし、その分、現実のスポーツの世界をベースで支えるクラブという価値観や関係様式は、後退、衰微しているのではないか。クラブの機能は縮小、一元化しつつある（クラブというより会社といった方がよいのが、ヨーロッパの一流サッカークラブの現実である）。

下位が常連のプロ野球チームがリーグのトップを走ると親会社の株価が上がり、春夏の甲子園で野球チームが全国制覇すると地元の商店街に経済効果が出るという機能論も必要である。現在の株式市場や人々の消費行動すら、必要感からでなく期待感で動いていることに注目したい。

そのメカニズムが現実にあるとすれば、人々がもう一度、クラブの価値や関係様式に期待することから始めたい。何を期待するかである。チームの勝利という一元的な期待ではなく、クラブのもつ多元的な機能をもう一度掘り起こし再構成することで、スポーツマンやファン、指導者、関係者のクラブへの関わり方が違ってくる。ひいては、そのことが市民社会の編成にも変化を生じさせるのではないか。

期待感は強い。社会学者の見田宗介氏は、「二十一世紀への視座」として共同体への期待を語り、「次の千年ではムラから自由になった人々が、どういう共同体を作っていくかが課題になる」と述べる(「読売新聞」一九九九年五月十四日夕刊)。一九八〇年代から、「演技する精神」や「顔の見える大衆社会」など、刺激的なコンセプトを多発される劇作家の山崎正和氏は、一九九〇年代後半に「中間距離の人間関係」を提唱する(「話す技術が心を育てる、兵庫県・宝塚北高、十五年の演劇教育」「This is読売」一九九八年四月号)。他にも、これからの社会を期待するキーワードとしては「協同」「公共空間」「つながり」「好縁社会」等々が、新聞や総合雑誌、白書のタイトルにのぼる。作家の村上龍氏は現代を「自己循環に陥る社会」として「重要なのは人が外部に出る契機を、社会がどれだけ作り出せるかということ。スポーツクラブをたくさんつくって、『遊ぶ』ことを教えるといったことでもよい」(「中国新聞」二〇〇〇年五月十八日)とストレートに述べる。

辛口の社会批判やあるべき社会論の末尾部分の大半は、NPOやNGO、あるいはボランティアネットワークなどを取り上げ、「期待したい」などのトーンで終わることが多い。それらに期待するというだけでよいのか。NPOやNGO、ボランティア組織、それ自体の検討、それらを規定するベースの集団は何かという具体的な検討が欠かせない。個と個をつなぎ、個と社会を橋渡しするフィジカルな集団（ここでいうフィジカルとは、視覚、聴覚、味覚、嗅覚、触覚が生きる関係性をいう）に注意を払い、その評価をどうするか。具体的にいえば、その集団の機能をどうイメージするかに関わってくると思う。

2 機能モデルを考える

●ミクロとマクロの機能論

集団を機能からとらえる研究は、グループ・ダイナミックス研究と呼ばれ、工場や学級、スポーツ集団の業績向上の観点から、アメリカを中心に実施されてきた。集団には、それを維持する機能と目標を達成する機能の二つがある。日本では、リーダーシップ研究と絡んでポピュラーになり、P（Performance）機能とM（Maintenance）機能の「PM論」として、チームの成績向上などとの関連分析が精力的に行われた。P型（「俺についてこい」式の強いリーダーシップ）とM型（「ほめてやらねば人は動かじ」式の柔らかいリーダーシップ）の二つの指導性が大事という、世間的には当たり前の結論が、細かい統計を用いて出されたものだ。

集団の機能を対社会の関係からとらえようとしたものは、一九六〇年代から一九七〇年代にかけて見出せる。しかし、イデオロギッシュな体制批判ととられやすく、あまり一般化しなかった。例えば、A・M・ローズというアメリカの社会学者は、「権力分散的機能」「成員のエネルギーを統一する機能」「社会を変動させる機能」の三つがあるとしたが、それを当てはめる対象範囲が広すぎて抽象的になり、先のＰＭ論がミクロで身近であったのに比べ、あまりにマクロな集団機能論であった。クラブという集団がアッパークラスの人間の文化資本であるというジェラシーもあり、当時の社会状況では取り上げにくかったのかもしれない。

クラブについてミクロからマクロにわたる機能を整理した見方は、Ｆ・Ｌ・Ｋ・シュー教授のクラブ論になる。サミュエル・ハンチントンの『文明の衝突』が文明の違いを宗教の違いにセッティングしたのに対して、シュウ教授は、家族やクラブ、カーストなど社会のコアになる集団の違いから説明しようとした（宗教の違いをもってこられては、衝突は回避できるわけがない）。アメリカでは、人間の基礎的な欲求である「社交」「安全」「地位」をクラブ集団に求める。すなわち、アメリカのクラブはこの三つの機能を有するというわけだ。社交というファンタジックな概念一つをとっても、ファンタジックな分、多義的である。日本のクラブの初めも社交クラブとして輸入されたが、社交というより啓蒙クラブであった。今の時点でシュウ教授の概念を見ると、使い分けられるたびに尺度に幅があり過ぎ、機能の評価に結びつきにくいと思われる。

●六つの機能モデル

構造主義と機能主義から社会学の流れが整理されることがある。一般に機能は、それをとらえる人の地位、立場で違いが出やすく、またメリトクラシー、業績主義などにも結びつき、機能という語自体がすでに一般化したのか、メリトクラシーで嫌われたのか、あまり使われなくなった。

一九八〇（昭和五十五）年の日本体育学会で「スポーツ・クラブの六つの機能に関する研究」というタイトルで機能論を初めて発表をしたが、当時も反応は今いちであった。

一九七二（昭和四十七）年に、文部省の審議会の一つである保健体育審議会から「体育・スポーツの普及振興に関する基本方策について」が答申された。この答申の最大の特色は、自治体の人口規模別に体育・スポーツ施設の整備基準を示したハードのプログラムと、自発的なグループづくりをソフトのプログラムの第一に掲げた点である。筆者も一九七四（昭和四十九）年夏、大学のテニスコートを使って市民向けのテニスの公開講座を開き、終了後、そのメンバーがコアになりテニスのグループがつくられた。一九八〇年前後は、スポーツ振興を図る場合、スポーツ教室を自治体が開き、その受講生でつくったグループが活動を定着させ、一方では、商業ベースのスポーツ・クラブやゴルフ・クラブが勢いをいちだんと強め、「クラブ」や「教室」という語が飛び交った、にぎやかなころである。

図10は、学会発表時に用いたクラブの機能の分析モデルである。クラブの中心の機能を、会員の欲求充足機能「ニーズ」に置いた。外円には、地域スポーツや文化をレベルアップする啓蒙機能を「ケイモウ」、今風に言えば経済波及効果を「リベン」、クラブが地域の象徴となってコミュニティーを結束させる機能を「トウゴウ」、会員外への活動の機会の提供や入りやすさを

「チャンス」とした。「ニーズ」が個人ベースの機能に対し、この四つを社会的機能として位置づけた。さらに個人的機能と社会的機能を仲介する機能として、人間形成や社会性をトレーニングする「トウヤ」機能をセットした。*2

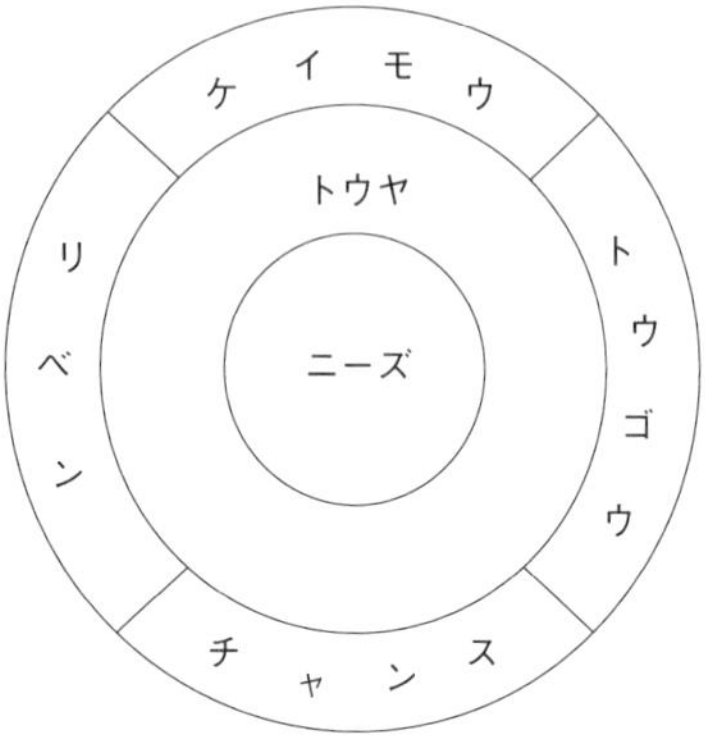

※「啓蒙」「統合」「利便」「陶冶」の機能の表現を「ニーズ」「チャンス」に合わせる便宜上、また解釈の自由度を広げるため、すべてカタカナ記号とした

［図10］スポーツクラブの機能

●クラブの公共性

図10のモデル自体は、一九七七（昭和五十二）～一九七八年、日本体育協会の機関誌「指導者のためのスポーツジャーナル」で「スポーツ指導における社会的視点」という連載を執筆しており、一九七八年の四回目の「チームかクラブか」の中で、初めて明らかにした。

過去の仕事を逐一報告するようで恥ずかしい気持ちはある。しかし、今でこそ、「クラブ・チーム」などという言い方に慣れてきたが、一九七〇年代には、こういう言葉は聞かなかったし、クラブとチームの異同論など全く注目されなかった。

前項でも述べたが、チームの社会心理学的研究はあったし、クラブの人類学的研究もあった。

しかし、チームとクラブを比較対照するという視点はなかった。ほとんど関心が示されない中、当時、日本体育協会に勤務し、精力的に協会の機関誌や体育雑誌に執筆を続ける人がいた。増田靖弘氏、一九九五（平成七）年に亡くなられたが、酒を飲みつつ原稿を書くという、体育畑においては異色異能の人であった（筆者も学生時代に一度、日本体育協会へ資料をもらいに出かけお会いしたことがある。緊張してしまい、質問の要領が悪く、大恥をかいた）。氏が一九七一（昭和四十六）年十一月号の「体育科教育」というメジャーな体育雑誌の連載で、「『スポーツ・クラブ』論」を書かれた。クラブの概念が未だ不確定であることを指摘され、「チームという名称が『クラブ』とどのように重なりあい、区別しあうのか」[*3]という問題提起をされた。文章中に一行だけこの表現で出てくる。筆者の知る限りでは、一番早く、しかも唯一の、チームとクラブの比較の必要論である。

スポーツを実際にする人間にとっては、チームであってもクラブであっても、汗をかくことに変わりはない。しかし、その違いの重要さを認識できないでここまできたことが、日本のスポーツ界の致命傷である。第一次産業、例えば石炭産業が不振になり炭鉱が閉鎖される中、地元の高校が甲子園で活躍し、それで地域に活気が戻っても、優勝が街を元気にさせたのであって、優勝できるシステムをそこに見つけ、それを拡充しようという発想は当時も今もない。「チームの勝利」「チームワークの賜物」であり、「クラブの勝利」「クラブワークの賜物」ではなかったのである。

産業構造の変動は、野球やサッカーの勝利で阻止できないかもしれない。スポーツや文化活動の盛況が、経済や政治の構造改革を遅延させているとも思えない。しかし、サッカー先進国、ブラジルにしてもアフリカの諸国にしても、経済、社会状況はよくない。サッカーでプロになれるという期待のチャンネルの寡占化が災いしている、そういう見方はうがち過ぎだろうか。要は、スポーツの勝利によるコミュニティーの盛り上がりにしても、チームレベルでしか考えないために、監督の手腕とスーパー選手の天才ぶり、そして運のよさで片づけられ、勝利の効果が一過性になる。チームをクラブ化する構想力がないが故に、コミュニティーとのつながりができない。

モデルの外円の四つの機能は、そういった期待から作成している。「ニーズ」機能中心は私的な「チーム」、外の四つの機能を遂行するほどクラブが公共性を帯びるのだ。公共性とは集団の機能の広がり方の度合である。

3 六つの機能について

●ニーズについて

西欧のクラブの原型が、お茶を飲み政治論議をする中でスタートし、次第に趣味のチームへと変質していく過程はよく知られるようになった。わが国の社交クラブの始まり方は、文明開化のための個々人のセンスアップと東京に遅れじという地方文化の見栄である。

こういうふうに見ただけでも、クラブに入る人々の個人的な「ニーズ」は何だったかの特定は難しいことがわかる。社交であったかもしれないし、身分保証や役職取得のためかもしれない。現代のビジネス社会では、職場からも家庭からも解放され、一人になりたいという非社交――匿名性への欲求充足の場としての期待も強い。

「ニーズ」を特定する作業の中でも、「チーム」と「クラブ」の混同がネックになる。「クラブ」への加入ニーズは複雑に見えるが、「チーム」への加入のニーズは把握しやすい。テニスクラブならテニスをしたいという「コートの中」への期待があり、「コートの外」のクラブハウスやレストランでのビールはビギナーの場合はまだまだ後の楽しみである。

しかし、人々のニーズは複合的であり可変的であって、とらえどころがない。「コートの中」のコーチは、とにかく担当するチームのメンバーのレベルを同じにして、異なるメンバーを他のチームへとトレードする。クラブ全体をコーディネートするマネージャーは、AチームとBチームの間のコミュニケーション――クラブワークに腐心するしかない。

クラブという空間は、人をリラックスさせ、さまざまなニーズを解放する。知的欲求もあれば、性愛欲求も突如、肥大する。男と女ではその変化のスピードが違うし、子どもと大人ではその順次性や配列が違う。「コートの中」では、プレイヤーやフォームという型を演じつつ、身体は緊張と自らの過剰な期待で意思通りに制御できず、選手やチームは自分の内なる自然に向き合わざるを得ない。

一九七八（昭和五十三）年に、図2（66ページ）のモデルを初めて出したころは、「ニーズ」の充足機能は容易であった。「コートの中」のテニスやサッカー、音楽そのものへのシンプルな欲求であった。二十一世紀は、リタイヤした男女がメジャーな階層になるOB・OGの社会になる。「コートの中」のプレイは無理になり、またメディア化された社会の視線は全体として観客化する。「コートの中」には入らない「コートの外」でのイベントや、「コートの外」からの見物が常態化する。スポーツを見、音楽を聞く、そうしてチームやバンドを応援すること自体を楽しむ時代。まさに観客席での活動が主体になる応援行動――スタンドプレイがニーズの核になる時代。サポーターはチームやバンドを応援しているのではなく、声を出しスイングして自分の内なる自然と向き合うプレイに集中しているのである。あるいは、図2も修正しなければならないかもしれない。「コートの中」と「コートの外」、二つの空間に関わることだけがベストのスポーツではなく、「コートの外」だけの関わり方、食事やパーティー、社交だけの関わり方もベストなのである。

主体はチームであり、サポーターは客体という序列意識では、これからのスタンドは埋まらない。クラブに入るニーズもとらえどころがなく複雑化しつつある。

表4は、一九九六（平成八）年夏、廿日市市（広島市の西隣、当時は人口約七万人）教育委員会の委託研究「はつかいちスポーツビジョン21—生涯スポーツ時代のマスタープラン」[*4]をつくったときの、二十歳以上の市民一一三一人の動向調査である。クラブの加入ニーズは、スポーツも文化活動も両方できるクラブへのニーズが高く、伸び率も著しいことが明白だ。

スポーツのチームがバンドを組み、インディーズ系の若者がフットサルを楽しむマルチ感覚のクラブニーズはすでにフツーになっている。この種のニーズを充足する機能がこれからのクラブに期待されるのだ。

［表4］クラブの加入とニーズ、伸び率（%、タイプ別）

	スポーツ系クラブ	文化系クラブ	スポーツ＆文化系クラブ	参加しない
加入	15.0	7.7	2.4	74.9
希望	31.6	17.8	22.6	28.0
伸び率	2.1	2.3	9.4	0.3

●トウヤについて

スポーツに関わる人間形成――陶冶についての格言は、数え上げれば切りがない。ここでは、集団に関わるフレーズをラグビーの精神からお借りする。

チームスポーツの金科玉条といえば、「One for All, All for One」、チーム・スピリッツの極致とも言ってよい。集団は個人のためにあり、個人は集団のためにある。チームワーク精神をこれほど見事に表現したフレーズはない。ラグビーは、このフレーズと、もう一つ「NO SIDE」という精神を育んできた。ノーサイドとは、試合終了のサインではあるが、それは勝者―敗者、敵―味方、あるいは選手―監督のサイドを消失させ、融合、交流する精神をいう。一級のスポーツ倫理である。

問題は、スポーツによって人間教育を行おうとする場合、この二つの精神教育をどのように統合するか、または使い分けるかである。考えてみると、この二つの精神はアンビバレントな状態にチームを追い込みかねない。ワン・フォア・オールという場合のオールは、自分のチームであって、ノーサイドはそのチームの枠を外せというのだから。

筆者は、大学ではテニス部（正式には庭球部）に入った。東京教育大学（現筑波大学）の庭球部は、一橋大学の庭球部とともに日本のテニスの黎明期をリードした伝統校である。三年で主将を務めたが、本来ががんばり型――過緊張のため大事なゲームで肩に力が入って負けるタイプであった（いや、試合の前に、人事を尽くし――練習をし過ぎて天命を待つ前に疲れて負けていたのかもしれない。ピーキングの失敗)。監督は太田芳郎先生。知る人ぞ知る、あのペリー選手やボロトラ選手と壮絶なゲームを演じ、神格化される往年の名選手である。先生に何度か言われたことは、「君は鎧《よろい》をつけて試合をしている」と「He plays as he lives」の二つである。

特に後者のフレーズは、スポーツ空間論を考え原稿を書いたりするときに、いつもこだわった。「コートの中」と「実社会」をセパレート(分離)するという論旨からすると、生活とプレイのスタイルは相関するという内容は相反するものではないか、そう思えたのである。Liveを「生活」などと訳すのでなく、「自然に」とかあるいは「生き方」などと訳すのかもしれない。しかし、「スポーツの勝敗は人生の勝敗に通じる」などというふうに連結させてこの規範を学習すると、肩に力が入る、力《りき》む、そんな自分をリセットしたい。そのホンネが底にあり、チームワークの精神を「コートの中」に制限するノーサイドの精神に惹かれ、その分、先生のフレーズを敬遠したのかもしれない。

●「コートの外」の教育力

スポーツによる人間形成、「トウヤ」の機能は一筋縄ではいかない。スポーツマンシップという規範にしても、そのウラにはゲームズマンシップという猛々しくあこぎな規範が貼りついている。人間のコアの野性とバランスをとるための文明化の装置が、ノーサイドやスポーツマン

合宿の打ち上げは、新たなつながりの一歩。宴の空間は種目と学校を越えていく——中国四国地区大学トライアスロン連合合同合宿、2002年

シップの精神、ゲーム終了後の握手や風呂、ビールだ。太田先生は英語の教授であって、何度もデ杯チームやナショナル・チームを連れてヨーロッパなどに遠征した。昭和の初め、イギリスに四年滞在し、スポーツマン・スピリッツを学んだという。

「英国では、トーナメントなどで試合が終わると、勝った者が負けた者を誘ってソフトドリンクとかビールとかを飲みながら親睦をして別れるのが不文律の習慣であった（勝った者が支払いをする）」[*5]。

先にも触れたが、本家イギリスのノーサイドの精神とは、敵味方相混じって風呂に入る越境の精神をいう。テニスのプレイの後のビールと同じだ。近代オリンピックの創始者クーベルタン男爵が、オリンピックの復活を思いつくのは、イギリス遊学中にパブリック・

スクールでのスポーツ教育の成功を調べ、祖国の青少年教育を立て直そうとする人間形成が真の目的である。そのスーパーイベントにも、オリンピック・スタジアムという競技空間と対を成す交流の空間——選手村がある（因みに、パブリック・スクールも全寮制であった。映画「ハリー・ポッターと賢者の石」の中でも寮の対抗戦が描かれている。日本の運動部の合宿も、競技力向上よりも人間形成を重視してスタートしたのかもしれない。筆者の大学一年時のテニス部の夏合宿の宿舎もお寺の本堂であった）。

「コートの中」の人間形成とクラブハウスや合宿所、寮という「コートの外」での人間形成を合わせたトウヤ機能の評価が必要である。

●リベンについて

「利便」機能とは、クラブに入ることで会員がメリットを得やすくすることを指す。もちろん、スポーツクラブならスポーツをする機会が増えるというメリットはある。しかし、それは当たり前で、ここでいうメリットとは一人では得られないメリット、象徴的な機能としては、テニスクラブがテニスショップと提携し、クラブの会員は割り引かれたラケットやウェアを買うという経済行為がある。一九七〇年代から一九八〇年代前半にかけてテニスクラブが次々に立ち上がったが、ほとんどのクラブがこのリベン機能を備えていた。まだ、当時は用具やウェアは品数も少なく、ダンロップやウィルソンといった輸入品は高値の花、インフレーションの時代であった。ショップ（こういう言い方も当時はない）がクラブにまわす割引券は、クラブの重要なサービス財であった。

今でこそ、セールス（割引）は一年中だが、当時は期間限定であった。クラブ会員の多いクラブほど、ショップも用具やウェアの割引率を高くする。人数の多さは侮りがたく、有料コートの使用料金は頭数が多いほど割れば安いし、会員を動員してコートの抽選決定日に並ばせ当確率を上げることも可能であった。夏の合宿や冬場のスキー旅行などの割引は、クラブならではの利便機能であったし、このプログラムは一九八〇年代から始まる各種のグループ旅行のケーススタディーになったとも思える。

一人の経済力は高が知れている。人数の多さで少しずつの積み立て金を大きくし、これを会員の中で順次取り崩して使う。その典型が、今でも形を残すえびす講や頼母子《たのもし》講《こう》である。この相互扶助の精神こそ、クラブのリベン機能の核となるものである。この精神は具体的には、クラブの社会関係で例として挙げたように、club together――割り勘につながっていく。個々人に経済力がないときは、集団がリベン機能を担うのは、どの国でも同じかもしれない。

十九世紀のアメリカでは、「馬泥棒を捕らえ盗まれた財産を回復する」というクラブが全国各地で盛んに作られたというし、最近、サッカー王国アルゼンチンでは経済破綻寸前のなか、貨幣を使わない物々交換のバザーシステム「交換クラブ」が市民によって自己防衛のために作られている（「週刊文春」二〇〇二年三月二十八日号）。昔懐かしい西部劇の保安官にしても、コミュニティーの住民が安全を守るため、当面ガンさばきの巧い人間に保安管理を委託するという形をとる。その詰め所自体には住民がよく出入りし、いわばクラブハウスのようにも見える。まだ行政力や警察力が弱い開拓国家アメリカと統治機構がムラの隅々にまで組織化された伝統国家日本との違いが、先にシュウ教授が取り上げたアメリカのクラブの機能の「安全」である。これがわが国のクラブ機能には、なじみがなくても無理はないのかもしれない。

●会社化しやすい機能

「クラブの人類学」など、クラブ研究をリードされた綾部恒雄氏は、次のようにその歴史的必然を言う。「米国のようにヨコのつながりによって階層を昇り、目的を達してゆく社会ではcommunity、生活の中で何らかのクラブ集団に属さないで過ごすことは極めて難しい[*6]」と。

リベン機能として挙げざるを得ないが、その実態が不透明なものもある。クラブに入ると就職チャンスが増えることもそのひとつだ。有名な早稲田大学雄弁会という弁論クラブの中から高名な政治家が連続して輩出している事実、音楽系クラブOBは音楽業界に入りやすいだろうし、さらには同窓会や県人会というクラブまで広げて考えれば、これらのクラブは就職情報取得というリベン機能で成立していると言ってもよいくらいである（これらのクラブが衰退するのは、この種のリベンが機能失調化しているためだ）。

私自身、院を終了して大学の研究職を希望したとき、最初に得た情報はクラブの先輩のコネを通してのものであった。大学の体育教員の世界の人事は、こういったリクルートのケースが当時は多い。コネという外圧と採用する側の内部事情、内圧の間で採用担当者はダブルバインド状態に陥りやすい。

次のイギリスのケースは、クラブの機能とは書かれていないが、直接間接にクラブの雇用に関連すると思われる。一九八〇年代のイギリスは厳しい失業状況下にあったが、自治体のスポーツ・レジャー関連の政策で雇用を実に九％も上げたという。「深刻な失業問題を抱えるイギリスで、レジャー、スポーツ分野は雇用問題の視点からも重視されている。この点で八〇年代のスポーツは三十七万六千人を雇用し、自動車産業、ガス産業などよりも多い」[*7]。その後の展開について知りたい刺激的なデータである。

NPOやNGOの事務局に就職したいという若者世代、そして構造不況を打開する有効雇用策がない今の時代の中で、スポーツクラブが新たな雇用を生むことができるとすれば、画期的な社会貢献のプログラムになる。しかし、クラブのリベン機能があまりに拡大すると、「コートの中」の活動は二の次になり、拡大した組織を維持するために会費を上げ、事業収入を当てにし、補助金を手当たり次第に探すなどの作業に追い回され、クラブとは何かという本質論が噴出してくることが予想される。明治初期の英和辞書の中でも見たように、クラブとcompany——会社はリベン機能をもつということで相似しやすいからである。

●チャンスについて

先述したように、筆者は一九七四（昭和四十九）年にテニス教室を開き、そのメンバーによってクラブがつくられた。当時の三木武夫首相のクリーン政治にひっかけ、広島クリーン・テニスクラブと命名した。スタート時は二十～三十人だったが、一九八〇年代にかけてのテニスブームの追い風もあり、いちばん多いときの会員は三〇〇人近くにのぼった。会費が一人一万円弱、トータル一〇〇～二〇〇万円で各種イベントを行い、公共のコートや大学のコートを借り歩きながら例会をもった。当時としては珍しい大型のボランティア型のクラブであった（チームとクラブの違いをコピー風に言おう。「一〇〇人、一〇〇万、一ビッグイベント」一〇〇人以上の会員が年会費一万円を払う。一〇〇万円の活動経費で、クラブ主催の大型イベントをコミュニティーに開いて実行できるのがクラブとしたい）。

その間、行政やスポーツ関係組織、あるいは民間から補助金や助成金をもらったことは一度もなく、すべてclub together――会員の会費収入だけで活動したのが自慢の一つである。もう一つは、男性会員、女性会員、年配会員、高校生・大学生会員、家族会員もいるなど複層型のクラブなので、男女で活動するため自ずとカップルができ、現在までの二十六年間で十組近いゴールインペアが誕生したことである（三十数年前の院生時代、西ドイツのクラブの報告書の中で、クラブとは「heirats market」（結婚市場）[*8]という記述を見つけ、妙に感動した。それもネタにしてチームの象徴価値をカップ、クラブのそれをカップとカップルなどと対比させた）。

先の図8で説明したが、ヨーロッパのクラブは同じ階層でヨコに連携し、これに比べて日本のクラブの伝統は異なるタイプの人間がタテにつながる。しかし、いずれの場合のクラブも基本はメンバーシップ制をとるから、会員以外のプレイヤーや一般市民から見たら「クラブは閉鎖的だよ」と言われやすい。「誰でもいつでも入れます」、あるいは「会員の紹介という条項は形式的なものなので、今度の例会、ぜひ来てよ」とクラブは外部に対して開かれていることをアピールする。ほとんどのクラブはそういう姿勢を示すが、ここ二十数年の間に、会員数が減るクラブは多く、存続十年をクリアできずに消滅していったクラブが大半ではないか。これに比べると、今でこそ部員数やクラブの数の激減に直面している学校の運動部は、三十年、四十年、あるいは一〇〇年近く続いてここまで来た。なぜか？　当たり前だが、学校のクラブはメンバーが入学と卒業のサイクルの中で必然的に入れ替わるからである。そういう意味では、学校の運動部は、「チャンス」の機能――会員外の人へ活動や入会の機会を提供するなどの新陳代謝の機能を制度的にキープしてきたといえる。

クラブとはclub togetherであって、会員同士の互助によって成り立つだけに、会員と会員外を区分せざるを得ない。その区分けがあって、クラブの会員間に密なる相互作用が生じる。「クラブ」の中の集団、「チーム」はその相互作用はきわめてフィジカルであり、体感表現をすれば「HOT」である。実はその熱さが、閉鎖性を生じさせるのである。

「チーム」は外へ開かれない。開かれれば負けである。「クラブ」が解放性の度合いを決める。

「コートの外」のもろもろのイベントやシーズンごとのセレモニーが、「チャンス」の機能を形成するのだ。

●「コートの外」の体感モード

新聞記事は一九七八（昭和五十三）年、広島クリーン・テニスクラブがビギナーにフィットする大会を企画、開催、運営したときのものである。*9 市内のメインのコートが試合で独占されていることに対して、月一回の解放日を設けてほしいという署名運動を一九七六（昭和五十一）年に起こし、約七〇〇人の賛同者を得た。そのお返しの意味で始めた大会である。二〇〇人近い参加者によるビギナーレベルの大会は当時としては例

自力で開催…また格別の味

庭球の広島市ビギナース・トーナメント

2年越しの夢実現

主婦ら113組参加 和やかにスマッシュ

庭球の初心者ばかりを集めた広島市ビギナーズ・トーナメントが初めて二十六日、広島市中央テニスコートで開かれた。大会の音頭をとったのは、四年前、広島市や近郊の初心者を集めて結成されたヒロシマ・クリーン・テニスクラブ（井上洋子会長、百二十人）。協会や用具メーカーの主催する大会が多いなかで、自分たちの力でクラブをつくり、同好者の輪を広げ、大会の誕生にまでこぎつけた例は、社会体育振興の一つのあり方を示すといえそう。

試合はダブルスだけ。参加は市内や周辺から百十三組（男子六十五、女子四十八）で、夫婦ペアも二組。関心が高かったとみえて欠場は三組にすぎなかった。ほとんどが庭球を始めて一年程度。男子はサラリーマンや学生、女子は主婦がほとんど。子供連れの母親が多く、服装も気どらず初心者の大会らしい和やかなふん囲気。なかには、強烈なスマッシュで相手をたじろがせる初心者とは思えないペアもいた。

際立った奮戦組にはハッスル賞、女性のあでやかなプレーにはビューティフル賞、珍プレーにもトンデモナイテ賞など愉快な賞品があった。

大会委員長でクリーン・テク会員の田村英一郎さん「五十一年一月ごろ、クラブ央コートの一般開放（日曜働きかける署名運動を始め将来は初心者の大会を開こし合って以来、やっと開催つけた。三十五団体、約八署名者に対するお礼の意め、愛好者に試合の楽しさってもらうのが目的。予想参加者が多かった。次は別ブが主催するようになれば況を喜ぶ。

クリーン・テニスクは四十八月、広大公開講座の一つで初者対象のテニス教室を受講した般市民がつくった。昨年秋からは

「勝負にこだわらず、楽しく試合を」と、和やかにプレーに興じる初心者の庭球大会（広島市中央コートで）

がなく、この大会はのちに市のテニス協会のDクラスへと引き継がれていく。クラブは他に、クラブが主催して初心者のテニス教室を催したり、複数クラブで大会を実施するなど、市民スポーツの先駆け的存在になると同時に、これらのプログラム実施がクラブのキャラクターを決定していった。

「チーム」中心、つまり「コートの中」の活動だけでは、「クラブ」自体が外からは熱くて入りにくいものに映る。クラブの外の人がスポーツや文化活動をする「チャンス」をつくる、クラブ主催の大会やイベントを年間のスケジュールに組み込むことが重要である。クラブは地域に根ざすのではなく、イベントやセレモニーを介して地域へ開かれるのだ。イベントは、クラブ内部のマンネリ度を落とし、会員間のつながりを強める潜在的機能を果たしている。維持、発展するクラブは、「チャンス」の機能をどこかに複数もっている。この種の機能をもつクラブこそ、公共性の強いクラブであって、各種の助成金や補助金を重点的に与えてはどうか。

「チーム」の体感温度は「HOT」であるのに対して、「クラブ」は何か。クリーン・テニスクラブの初代会長井上洋子氏は次のように言った。「ほどほどの温かさ」と。けだし名言。HOTに対して「WARM」である。たいがいはクラブの温度設定を「HOT」でやる熱心な指導者、代表者が多く、その人次第でクラブの盛衰が決まる。会員は増えず、みんな疲れる。クラブとして自立できない隠れた要因が、体感温度の切り換えミスだ。

「コートの外」の体感モードを「WARM」にすること、イベントやセレモニーをセッティングすることで、クラブの「チャンス」の機能がパワーアップしていく。

●ケイモウについて

宗教が仏事や神事、すなわちイベントになりやすい日本では、人の道や処世術は人が人（先輩から後輩へ。タテ社会の基軸だ）に教えねばならなかった。クラブという社交様式を西欧より受容しつつも、その実態は社交というよりも啓蒙機能が第一にならざるを得ない。政府や地方自治体が整備される前段階、社会的トラブルをなくしモラールを上げようとする起動力になるのが、クラブだった。アメリカのクラブの基本機能についても、綾部は次のように言う。「米国では、ある人が学校であれ病院であれ或は道路についてであれ、何か社会的な改良や改革を思いついた場合、決して政府や関係機関に押し付けようとは考えない。彼は彼の計画を世間に公表し、彼の努力を助けるように呼びかける。そして手に手をとりあって、目的達成のために障害にぶつかってゆく。すなわちclubやassociationの結成である[*10]」。

クラブとアソシエーションの区分については後述しよう。先にも書いたが、開拓国家アメリカの市民社会は、クラブなどの社会集団が機能して初めて成立していたといえる。二〇〇一（平成十三）年十一月三日の新聞記事は「反戦クラブ計画、女子高生を停学」という見出しのもと、現代のアメリカ社会の中でもクラブは日常的な意思表明のツールだということがわかる。十五歳の女子高校生が、アフガンで死ぬ子どもをテレビで見て、戦争中止を求める「無政府主義クラブ」をつくろうとビラをまき、校長によって三日間の停学処分にされたという(「朝日新聞」二〇〇一年十一月三日)。日本の今の若者感覚でクラブといえば、スポーツクラブや新宿や渋谷の踊る店、すなわち少しトレンディーな建物や場所がイメージされよう。しかしアメリカ人のクラブ観は、若者世代にも、クラブとは行動組織として受けとめられていることがわかる。

日本のクラブの中にも、社会問題や国際紛争、人権などについて矛盾や怒りを秘かに抱くメンバーは少なからずいるだろう。しかし、そういう思いをたとえクラブ員の半数以上がもってはいても、クラブ空間はそういう意思表示の場ではない「親睦の場」であるという伝統的な観念と異なる階層がタテに連携する組織観が優先する。

広島市は一九九四(平成六)年、首都以外では初めてのアジア競技大会を開催した。広島市は「国際平和都市」というC・I(Corpolated Identity)を掲げており、大会も「Asian harmony」や「Hand to Hand」のキャッチコピーのもと、スポーツによる平和や交流のプログラムの実行に関係者、ボランティアスタッフが多くのエネルギーを割いた。

●「勝たねば意味がない」?

表5は、アジア大会が開かれた一年後に、日本代表選手と広島市民に行ったアンケートの一部*11である。代表選手は競技場や選手村の渦中にいたろうし、スポーツクラブ会員、未加入市民もそれぞれの立場で直接、間接に大会に関わっている。スポーツによる平和創造への期待感は圧

倒的に高い。そしてスポーツへの関与度が高いグループほど、その可能性を表明している。「スポーツ選手やクラブの連中は平和ボケが進み、現実の厳しさがわかっていないのか」と批判されるかもしれない。それとも、選手やクラブ会員ほど外国選手との交流から何らかの手応え——考えや感情を得ているのだろうか。

「スポーツによる平和創造」は、つくり上げられたものであり、現実政治の前では常に神話だったかもしれない。しかし、「賛成だし実現できる」という認識を「賛成だし実現しよう」という行動に一歩踏み出す選手やクラブ会員も、十人に一人はいるだろう。元プロテニスプレーヤーの遠藤愛氏の次の主張は注目される。「今年の全米オープンでは、イスラエルとパキスタンの選手がダブルスを組むことが大きなニュースになった。これが当たり前になる日、国籍、宗教に関係なくスポーツを楽しみ、競い合える日は来るのだろうか。これまで政治に翻弄されてきたスポーツを平和のために利用できるだろうか。(中略)私はまず日本からこういう動きができるかどうか模索している」(「朝日新聞」二〇〇二年九月七日)。各国の代表選手も普段は地域や職域のクラブの選手であり、一般市民より各種の情報や感情が多く

[表5]「スポーツによる平和の可能性」(%)

	賛成だし実現できる	賛成だが実現できない	賛成できない	わからない
選手 (448人)	61.8	21.8	0.6	14.8
スポーツクラブ会員 (64人)	59.4	37.5	0	3.1
一般市民 (307人)	45.0	40.7	3.3	12.4

※荒井他「スポーツと平和に関する調査研究(1)」1995年

広島カープの樽募金の先例にならい、アフガニスタン復興のチャリティー樽募金が実現。イベントと世界をつなげよう——第15回全国スポーツ・レクリエーション祭、広島ビッグアーチ、2002年

入るだろう。そういう意味でも、クラブは市民をリードする可能性を手にしやすい。それらの情報を入れさせまいとするのは指導者、関係者の思い込み——「勝たねば意味がない」という思い入れではないだろうか。

日本人で金メダリスト第一号、広島出身の故織田幹雄先生が楽しそうに語ってくれたことがある。「当時の選手はおしゃれだった。外国に行けるのは僕らだけだから。ネクタイやシャツを買ってきてみんなにあげたんです」と。言うならば、ファッションリーダーの役割だ。ＩＴの情報交換とは違い、クラブの情報交換はフィジカルであるだけに知識と感情がミックスし、パワフルな力をもつ。クラブが地域や職場、学校をリードしてきた啓蒙機能を再生したい。「勝たねば意味がない」以外にも、クラブの意味はあるのだ。

●トウゴウについて

クラブが地域社会のシンボルとして、クラブメンバーのみならずコミュニティー全体を統合する機能を果たしてきたか、という検証は難しい。甲子園で優勝し、オリンピックでメダルをとるようなチームや選手が、社会の中の性や、職業、地位、年齢を超える一体感をもたらす事例は数え上げれば切りがないくらいあったろう。しかし、その一体感は選手やチームの優勝や激しいスポーツシーンが作り出すエクスタシーであり、クラブにその種の機能があったかと問うと、わが国にはチームはあったがクラブ自体があまりなかった歴史もあり、「あった」と強く答えることに躊躇せざるを得ない。

例外的ではあるが、プロ野球球団・広島カープの場合はどうか。一九四九（昭和二十四）年十二月に、広島野球倶楽部として設立準備委員会が発足し、廃墟と化し復興が始まる広島の町を委員の人が手分けし必死になって選手集めとリーグへの加盟金のための金を集め、一九五〇（昭和二十五）年三月、奇跡的に開幕試合を迎えることができた。

「『ジュース瓶を入れる木の箱に立たないと、グランドが見えない。そのくらい人がいた』。なじみのない選手も、カープのユニフォームを着ているだけで、自分の分身だった。『弱くてね。全く勝てない。それでもみんな応援をやめないし。またスタンドに集まる』。勝てばうれしい。ただそれだけが喜びではない。『そこにカープがいるだけで、それだけで幸せだった』。スタンドの思いはいつも一つだった[*12]」。

広島野球倶楽部はクラブなのか、チームなのかという検証は意味をなさないくらいの歴史の重みである。いずれにしても戦後の耐乏生活の中で市民が樽《たる》募金をしてまで支えるこの一体感は、勝ち負けを超えた何かがコミュニティーとカープの間に生起していたという事実である。この文章の中で語る人は、カープの私設応援団連盟の初代会長の平田政雄氏である。「だって、カープは生きがいだから。カープがあるから働く気もわいた。苦しい生活も耐えていけた」。筆者も一九七五（昭和五十）年の歓喜の初優勝の夜は、広島市内の流川のドンチャン騒ぎの輪の中にいた記憶が微かにある。いま思えば、カープとの一体感は広島人でない私には全くわかっていなかったということである。優勝して起こる一体感とクラブの歴史をともに歩む一体感との違い、ここでいう「トウゴウ」とは後者の一体感を意味している。

今から一〇〇年以上前、一八九九（明治三十二）年に十二人で結成されたFCバルセロナの会員数は現在では十万五〇〇〇人、世帯数は九万六〇〇〇にも及ぶという。世界でナンバーワンのスポーツクラブだと言われる。ソシオというバルセロナの会員制度は、日本のクラブの場合にはまだなじみが少ない(横浜FCは取り入れている)。先の広島カープの歴史と同様、名門バルセロナのクラブの歴史は、ある時期、政治的統合の機能を色濃くにじませている。バルセロナFCをレポートしている杉山茂樹氏は、ファンクラブ会長のジュアン・コメールスさんの話を紹介する。

「フランコの独裁が始まった一九四〇年頃から新憲法が制定された一九七八（昭和五十三）年

まで、カタルーニャは抑圧の時代でした。カタルーニャ語は学校でも禁止され……。カタルーニャ語で社交できる唯一の場所、それがスタジアムでした[*13]」。

複数民族をかかえる欧州においては、言語は重要な統合機能を担う。われわれが方言に愛着を覚える心理と基本的には同じ心理かもしれないが、深さが違うだろう。独裁政権下においては、スポーツも禁止、排除されることが多いが、FCバルセロナのクラブのように、その空間が民族のアイデンティティを共有し、脅迫的な社会関係の中で唯一、安心感を与え、先の広島カープの思い出の中にもあるように、人々の生活の核に、地域のセンターに、コミュニティーを統合する象徴に、クラブがなる事実はあるのだ。

広島カープにしてもFCバルセロナにしても、特異な例かもしれない。しかし、テレビもなければ食うにも困る社会状況の中で、地域の中のスポーツや文化のクラブが市民を束ね、コミュニティーに一体感を生む例は、わが国においても一九六〇年代以前にはよく見聞きされた。すなわち、クラブという名称はつかないが、青年団や消防団、PTA、子ども会等々の地縁集団である。それらがコミュニティーの「トウゴウ」機能を果たし得るのは、その中にいる会員と地域住民との区分がありながらも、非会員が会員になれるローテーションの仕組み（ある年齢になると入り、また引退する年齢階梯制）をもち、また集団外への奉仕活動をルーティン化していることだ。地域より寄付金をもらう分、地域の行事を運営し、時には主催者になっている。だからこそ、「トウゴウ」機能が期待できるのだ。

しかし、クラブとともに築く歴史から生まれる「トウゴウ」機能は、現在では夢物語になってしまった。すでに一九六〇年代半ばの時点で、クラブ先進国ドイツやイギリスにおいて、クラブの変容が指摘された。スポーツ社会学のパイオニアのひとりH・レンク教授は、ドイツ人のクラブへの参加の仕方がきわめて部分的な参加になっており、子どもたちもクラブの旗やバッジに関心を示さず、コミュニティーの一体感はクラブでは期待できない、と一九六六（昭和四十一）年の論文で指摘している。[*14]

クラブの変化は会員の関わり方の変化と相関するという。クラブの中のチームのスター選手とトップリーダーの意識の中に、「club or country ?」という葛藤があるというレポートも出始めている。[*15] 国レベルの選抜チームを優先するのかそれともクラブを優先するのか、という選択に直面するヨーロッパのクラブ・チームの実情が浮き彫りにされる。クラブ単位のチームでは国際大会、例えばワールドカップに勝てないという危機意識、また、このころから拡大の一途をたどる商業主義により、ナショナル・チームへの期待が強まる分、クラブへの期待感は弱まっていくのである。ナショナル・チームへの一体感は、あくまで勝利という前提が不可欠なのではなかろうか。

●一体感の困難

一九八〇年代に入ると、クラブは「self-destroying」、つまり自壊作用に陥っているという現実が指摘された。[*16] コマーシャル化を一歩進め、ビジネス化してしまったことの批判が明示され

クラブ間でつくる駅伝大会実行委員会がコースのごみ拾いをする。練習と試合の他にまだまだやることはある——第３回西風新都駅伝大会、2003年

ている。ヨーロッパのクラブは、地域をベースに、サポーターやファン、一般会員の支援で成り立つ。ビジネス化の中でクラブを維持するには、会員数や試合の入場者数の増加を図らねばならない。そのためにはクラブにスーパースターを抱えねばならず、クラブの活動資金は、とうていclub together——割り勘などでは覚束《おぼつか》ない。クラブ・マネージャーは、常に勝利を課せられる。一方、昔からの一般会員や地域からの支援も取りつけなくてはならず、外圧（資本主義！）と内圧（民主主義！）の板ばさみに陥っているというのである。

ワールドカップやオリンピックの勝利による一体感は、チームによるものである。それは極めてＨＯＴではあるが、一時的なものにすぎない。これに比べてクラブによる一体感は、持続的であって、むしろＷＡＲＭであるかもしれない。ナショナルな一体感がローカルなそれを席巻し統合する状況が、歴史的にはファシズムであった。ナショナルな一体感とローカルな一体感——具体的にはナショナル・チームの活躍による一体感とクラブライフによる一体感のバランスをどう調和させるかが、二十一世紀のクラブの「トウゴウ」機能の課題である。

身近な話に戻そう。わが国の場合、一九七〇年代以降は地域社会の中にスポーツを取り込み、そこに統合機能が期待された。いわゆる「コミュニティー・スポーツ」、図11の左側のモデルがそれだ。そのコアになったのが「チーム」であった。チームを中心に、町内会がまとまり、職場がまとまり、学校がまとまった。いや、

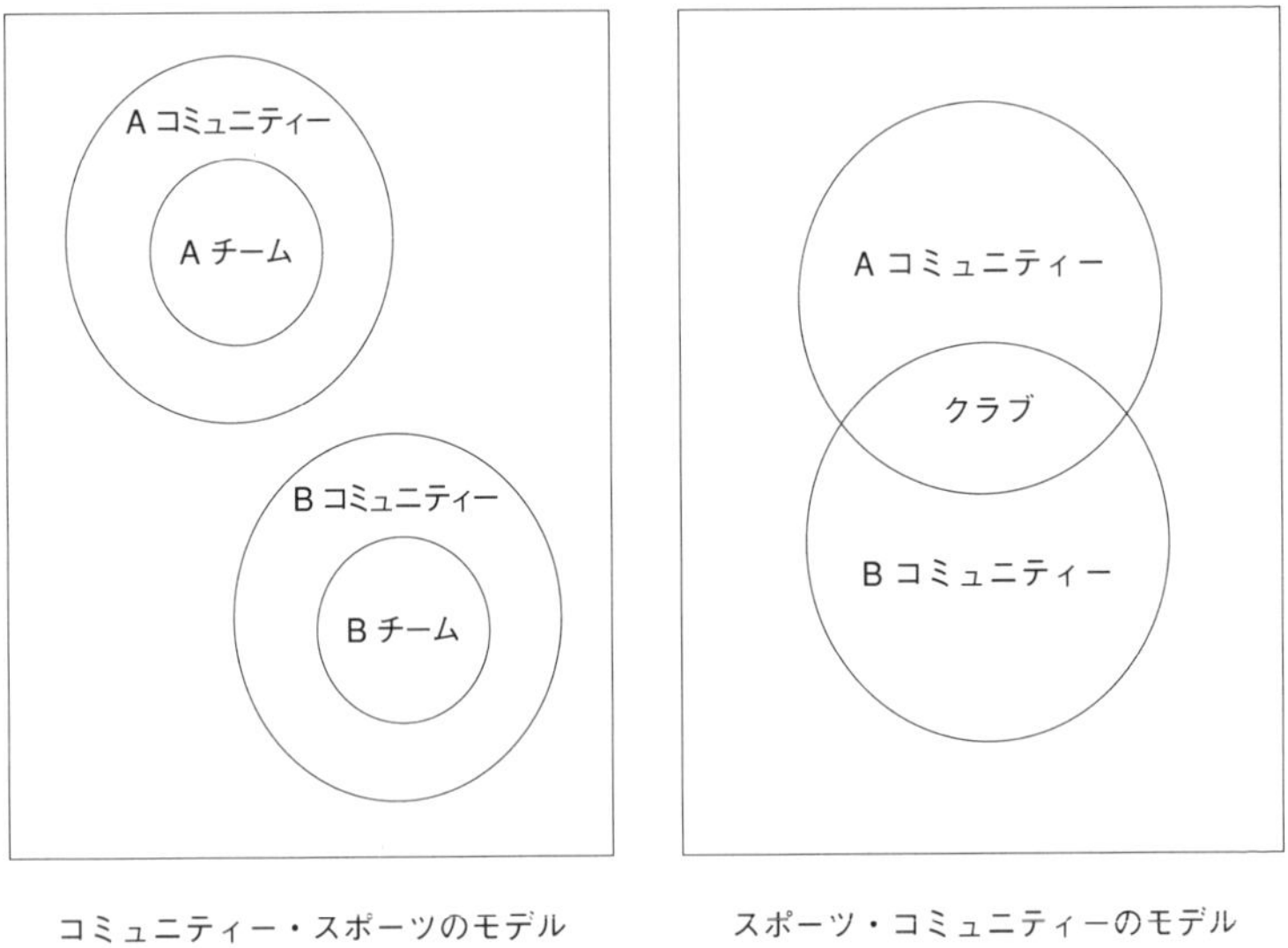

［図11］スポーツとコミュニティーの関連モデル

町内会、職場、学校がチームそのものになった。図11の右図が、これからのコミュニティーのまとまりモデルだ。Aコミュニティーとコミュニティーは、「クラブ」を挟んでまとまっていく、いわば「スポーツ・コミュニティー」の時代がこれから始まる。マルチ感覚（スポーツや文芸、音楽やボランティアなどのもろもろの活動をやりたいというニーズ、表4参照）とミックス感覚（性、年齢、地位などを超える複層型の関係を求めるニーズ）のクラブが、コミュニティーをつなげていく。三三〇〇あるといわれる市町村がクラブライフを、具体的には「コートの外」を結節空間としてリンクしていく時代を迎えている。

4 期待と現実、プロセス論

●クラブづくりのプロジェクトX

先にも触れたが、一九七〇年代から始まる「スポーツ教室からクラブをつくるプログラム」、それに続く一九八〇年代以降の「クラブを連合するプログラム」など、国のスポーツ振興政策の基本軸の一つは、クラブづくりにあった。表6は、一九九〇年代、スポーツ振興の国別レベルをクラブ加入率から比較するユニークなデータをリストアップしたものである。*17 デンマークやフィンランドは四十%を超えている。国民の二人に一人近くがスポーツクラブに入っている。日本の世論調査のデータは二十歳以上

［表6］EU諸国のスポーツクラブの加入率

国名	人口比（%）
デンマーク	42.3
フィンランド	41.3
オーストリア	32.4
ドイツ	30.3
オランダ	29.6
スウェーデン	28.7
ベルギー	25.8
ルクセンブルク	25.8
フランス	22.7
イギリス（UK）	11.3
イタリア	10.8
スペイン	6.0
ポルトガル	4.9
日本	22.9

※「スポーツ白書〜2001年のスポーツ・フォア・オールに向けて〜」（SSF笹川スポーツ財団1996年）の中の表を引用、元の表を修正して表化させてもらった。

の男女のデータになり、EUのデータは子どもから大人まで国民全体のものなので、フェアな比較ができない。表中の日本のデータ、二二・九％とは学校の運動部やスポーツ少年団などのデータを加えて筆者が試算した数字である。[*18] これを見る限りでは、日本のクラブ加入率はスポーツがテレビや新聞、スーパーイベント（オリンピックや世界選手権、大リーグなど）で連日連夜取り上げられる割には、まだまだ低いと言わざるを得ない。一方ではメダルの獲得率も低下し、わが国は、スポーツ王国ではなくてスポーツ・メディア王国と言ってよいくらいである。

一九九五（平成七）年から国のクラブづくりの政策は、「総合型地域スポーツクラブ」にシフトする。今までのクラブづくり政策の総決算の気配で、かなりの予算をつけるビッグプロジェクトが始まっている。日本のクラブ加入率の変遷を国の世論調査のデータ（男女二十歳以上）から追うと、一九九一（平成三）年が一七・七％で最も高い。その後、加入率が一六～一七％の間を上下し、二〇〇〇（平成十二）年になると一五・八％までダウンする。[*19]「総合型地域スポーツクラブ」のプロジェクト効果は、これからかもしれない。

筆者自身、このプロジェクトに県、市レベルで関連する委員会に出席しているが、主導する行政担当者は国～県～市町村の間の調整連絡事務作業に忙しく、クラブづくりの現場では補助金頼み（サッカーくじの分配金など）が現実で、また、われわれ委員も、視察や講習会、会議をセッティングするが、クラブとは何かという本質論に議論が及ぶことはまずない。一時間半から二時間の会議では、議案の説明と質疑で手いっぱい（委員会も消費される時代！）なのである。先にも紹介した哲学者中井正一は、「土曜日」という無署名の連載評論の中（一九三二年三月二十日）で、「手を挙げよう、どんな小さな手でもいい」[*20]と、あらゆる場から意思表示をする必要を主張する。時代が違うかもしれない。特に近ごろの会議は、PCソフトで活字印刷された財政根回し済みの事務局原案に対して、「異議なし」と言うのが精いっぱいなのである。

二〇〇〇年に、国レベルの「スポーツ振興基本計画」が公示された。メダルの獲得率を今の一・七％から三・五％へ倍増させること、三三〇〇ある市町村の中に一つの総合型地域スポーツクラブをつくること、これを十年間で達成する、という具体的目標を掲げている。クラブづくりのプロジェクトXに注目したい。

●機能の期待と現実

本質論――club togetherを繰り返すばかりでは原理主義の域を出ず、クラブは今のビジネス社会の中ではすぐに取り残され、消滅するのを待つばかりである。評価しにくい本質を、機能概念を入れることでアカウンタビリティ（説明力）が増し、クラブの社会的価値を高め、期待感を機能に向け直す。チームを超えるクラブづくり――これが本書のテーマである。

図12は、一九八二（昭和五十七）年にまとめたものである。先の表4は、一九九六年のもので、同じ廿日市市だが町の時代に行ったアンケートの中に、スポーツクラブの六つの機能に関する質問を入れさせてもらうことができた。[*21]二十歳以上の町民一一五八人の回答者のうち、ス

ポーツクラブの加入者三四三人、非加入者八一五人の結果をクロス集計してその差を出している。白抜きの帯が期待値(「非常に賛成」から「全く反対」までの五段階回答のうち、「非常に賛成」と「賛成」を合わせたもの)、斜線帯が現実値(「まさにそうなっている」から、「全くそうなっていない」の五段階回答のうち、「全くそうなっている」と「そうなっている」を合わせたもの)である。

結果は、種々考えられるが、期待値と現実値のギャップに着目しよう。

クラブ加入者の場合、クラブ非加入者の町民に比べると、六つの機能に共通して、期待値と現実値のギャップはありながらも、その差はかなり少ない。特に「ニーズ」「トウヤ」機能、す

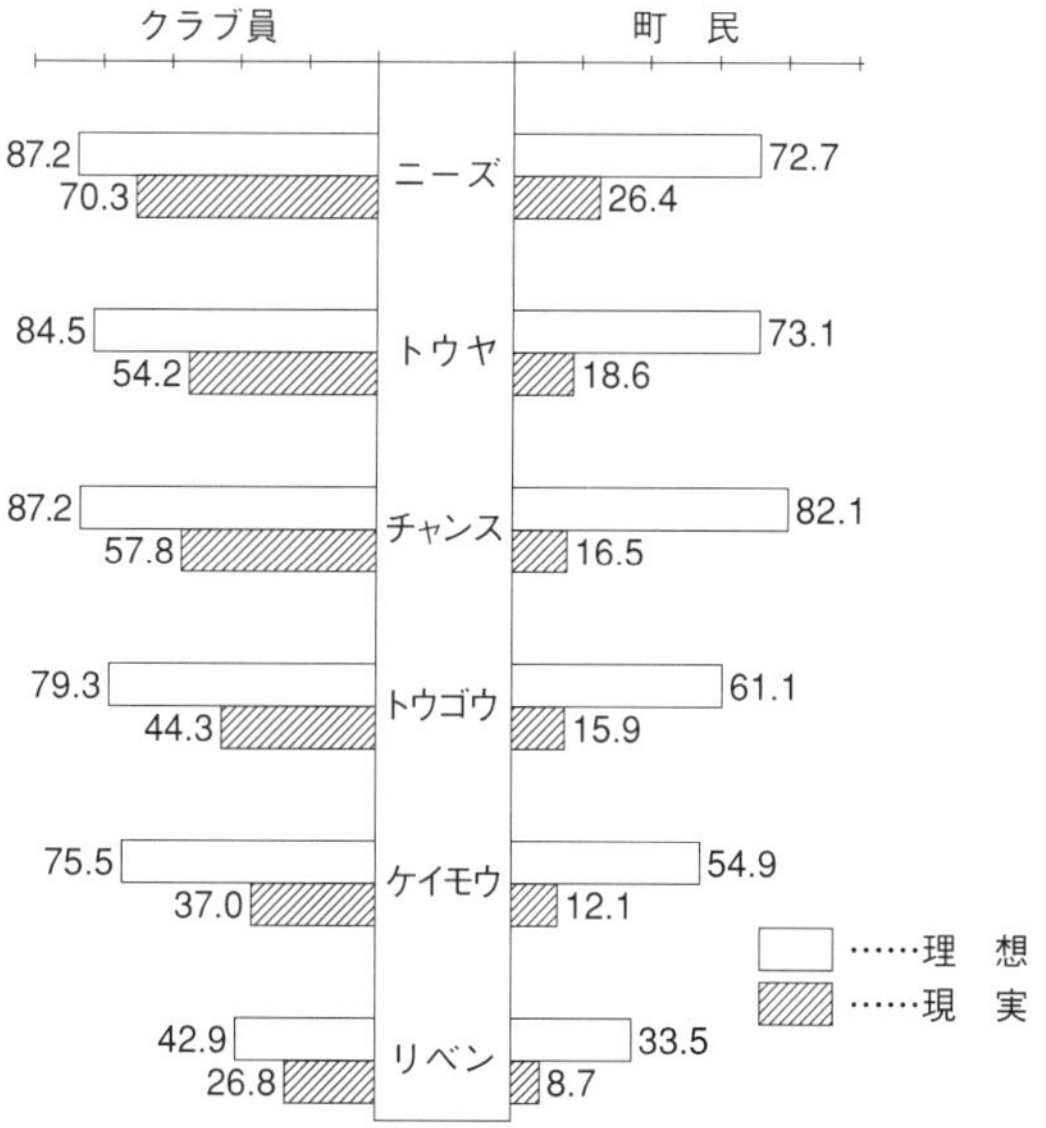

※ニーズ　：スポーツ欲求をかなえる
トウヤ　：会員の人間形成
チャンス：多くの人が入れる開放性
トウゴウ：会のまとまり，地域のまとまり
ケイモウ：地域スポーツのリード
リベン　：スポーツ以外のサービス，つきあい

［図12］ クラブの機能の理想と現実（%）

なわち図10に関連させると、内円の機能、換言すると「チーム」に関わる機能に関しては、「ニーズ」の期待値が八七・二％、現実値は期待値より少ないが七〇・三％ある。バレーボールをしたい、テニスをしたいというメンバーの欲求の八割は充足され、「トウヤ」は「ニーズ」に比べると低いと言っても、約六・五割の充足率がある。

非加入者のデータに着目すると、クラブへの期待値は、「ニーズ」にしても「トウヤ」にしても加入者に比べれば低いが、それでもかなり高いことが明らかである。しかし、現実値になると、「ニーズ」が二六・四％、「トウヤ」が一八・六％と、ほとんど充足されていない。すなわち、クラブ非加入者は、クラブへの期待感は強いが、現実のクラブはその期待感を満たしてくれないと評価している。「チャンス」の機能はその典型で、クラブへの入りやすさを期待する値は八二・一％になるのに対し、その現実は一六・五％しかないことになる。先に体感モードの切り換えで説明したが、「ＨＯＴ」と「ＷＡＲＭ」の切り換えミスなどが関わってくるところかもしれない。

図10の外円の機能に関しては、加入者も現実値になるとほぼ半減する。非加入の町民の場合になると、極端に低く、ほぼないと答えたに等しい値とも言える。内円の機能に関しては、それでも少しは充足度が認められるものもあるが、外円の機能に関してはほとんどない。このアンケート調査は今から二十年ほど前のものであり、チームとクラブの相違論などは皆無のころである。しかし、この図を見ても、内円すなわち「チーム」と、外円、「クラブ」との間に町民

は自ずと違いを感じているのではないかとも思える。特に「リベン」や「ケイモウ」機能は、期待値からして低い。クラブとチームの違いは、外円への期待の膨らみ方の違いと言えるのではないか。

二十年たった今、期待値と現実値のギャップは埋まったか、それとも逆に開いたか。町の時代のクラブと市の時代のクラブの間に違いはあるか。内円――「チーム」に関わる機能と、外円――「クラブ」に関わる機能のバランスはどうか。公共空間がモザイクのように組み込まれる市民社会の編成を構想した場合、「チーム」や「クラブ」を社会的機能から評価する必要が出てくる。

●クラブはアソシエーションになりやすい

明治時代に各地で地域の名士や政治家をリストアップして旗揚げされた倶楽部は、クラブなのかそれとも地域全体の啓蒙や統合的機能を自らに課したフォーマルな組織――アソシエーションなのか、その識別は難しい。

すでに一八八六(明治十九)年四月二十八日付の「朝日新聞」には、「『倶楽部』は誤訳」という見出しのもと、楽しむという言葉を当てたのが間違いであると、痛烈な批判が掲載された。「その目的とする所は、学術にあれ、政治にあれ、または商業にあれ、ともかくも一つの目的を以って集合するものを倶楽部といい、必ずしも単に快楽をのみ取り、遊戯をなすの所を呼んでクラブと称するにあらざること明らかなりとす」。

ワールドカップ期間中、地球上で延べ四二〇億人がテレビを見るといわれるサッカーの語源にも、クラブとアソシエーションの関連が窺える。十九世紀、イギリスの各地で行われていた祭りの一大イベントとしてのマスフットボールを、商業化と交通化が進む中で統一したルールをつくろうという呼びかけが起こる。一八六三年にFootball Association、フットボール協会が結成され、統一されたサッカーは「Association式フットボール」と呼ばれ、「サッカー」という名前は、当時の学生たちがAssociationを略してAssoccer――Soccerと呼ぶようになったという。まず、それぞれのクラブで行っていたフットボールが、対外試合を経験する中で統一性が自ずと求められ、クラブの連合体としての協会の必要が生じ、それがつくられたというのである。考えようによっては、先の「朝日新聞」の記事も、各々のクラブが自由勝手にやりすぎる風潮を改め、社会的に認知された公共的な組織をつくろうという呼びかけとも理解できる。

社会学的な組織の分類論と関連させると、クラブはゲマインシャフト、すなわちトータルな集団である生活共同体に近く、アソシエーションはゲゼルシャフト、目的を限定しルールで動く組織体に近い。現代のビジネス社会の中の組織は、ほとんどアソシエーションである。会社、官庁、各種の財団法人、第三セクターから国際連合、ＩＯＣ、ＦＩＦＡ（国際サッカー連盟）までの組織体は、公示されたルール（規則）とゴール（目的）とロール（役割）のもとに動いている。問題はアソシエーション化していくほど、内部に、インフォーマルな組織が自生することだ。インフォーマルとは、派閥や学閥、スポーツや各種文化活動などフィジカルなグループがそれに当たる。インフォーマル・グループの組織の原理はゲマインシャフトに近い。外面のルール／ゴール／ロールは、整合性、合理性があっても現実にはインフォーマルのそれらと時に反発し、補い合いながら事実上、機能する。先に見たように明治初期の会社の創設時は、みなゲマインシャフト的な社会関係にあふれている。そのファミリー的な関係に浸ってきたグループと二世代、三世代目のグループとの基底レベルの感性、価値観の違いはほとんど調整不能だ。アソシエーション化した大企業や大官庁になると、その組織や制度を維持するために仕事をする傾向が強まり、その中の個人や外の社会は利益や仕事の対象としてしか見られなくなり、「何のための組織か」というゲマインシャフトの側からの反撃を食らう。大部分の組織の根本問題がここにある。

最近では、NPOやNGOという、大企業や大官庁に拮抗、補完する中間型の組織が出始め、期待される。これらの組織も創設時の目的は、社会性やメンバーの主体性を謳《うた》いはする。しかし、合理性や効率性が組織維持（雇用維持）のために求められるようになり、「何のための組織か」という批判に見舞われやすい。

「チーム」は目的意識が強固なだけに、目的遂行が優先するとメンバーが互いにライバルに、「クラス」になりやすいと先に説明した。同じように、ゲマインシャフトが核にある「クラブ」は、個々のクラブの活動を広域化、安定化しようとすると、「アソシエーション」に転化しやすい宿命にある。スポーツや文化活動のベースとなる基本の集団は、「チーム」と「クラブ」である。そして、「チーム」には「クラス」、「クラブ」には「アソシエーション」というシフトしやすい集団がサイド・バイ・サイド（横並び）にあることを意識したい。クラブの六つの機能のうち、外円の四つの機能は、小サイズの一クラブでは担えない。クラブは連携する道を選ばざるを得ず、アソシエーション化する。しかし、外円の機能は遂行できたとして、今度は「ニーズ」や「トウヤ」の内円の機能が失調化する。集団づくりのパラドクスは、ここに関わってくる。

●集団のプロセス・モデル

集団づくりの理論も、一九七〇年代前半までは、スタティック（静態的）なものが主流であった。例えば、「俺についてこい」、あるいはスポーツ漫画の原型本「巨人の星」を見ても、そこに登場する指導者や選手、チームは、弱さを克服して頂点をつかむという弱さから強さへの変容が描かれはするが、リーダーシップやチームそのものが、トレーニングやシーズンを経る中でダイナミック（動態的）に変わっていくという視点は欠けていた。そこに描かれる指導者やスター選手は、あくまでも絶対的な存在であり完成された人間であって、時折見せる違う顔は、あくまで秘密の部分であり、タブーであった。

イメージやスタイルが不動不変とするとらえ方からは、状況に応じて指導のスタイルを変えるといったコンティジェンシー（状況適応）理論や、成熟化（ライフサイクル）理論は、わが国の研究者の頭の中に発想としてもなく、一九七〇年代後半にかけ、経営理論や管理者論との関わりでそれらがアメリカから翻訳ものとして入ってきてからのことであった。

本書で「チーム」といい「クラブ」という場合も、そこでの関係には優劣という価値も先発か後発かという順位づけもない。ここでは、すべての集団がチーム化することに対するクラブという価値空間の見直しを提案している。「チーム」といい「クラブ」といっても、二つの集団はあくまでも連続線の上にある。何かのきっかけで、ちょっとした工夫で、チームからクラブへ、クラブからチームへのシフト替えがなされるのである。イチかゼロかのデジタル的思考と発想でなく、程度や段階、度合といったアナログ的センスが、集団や組織を考える場合、必要なのである。

一九六〇年代から一九七〇年代にかけて、わが国の文学や思想に強い影響を与えたフランスの哲学者J・P・サルトルは、さまざまな歴史的事象をケーススタディーして、集団について四つの段階論のモデルを示した。個人がバラバラで集まる「集列態」から、一気に激しくまとまる「融容集団」へ、そして沈静化・安定化した「誓約集団」に、さらにそれがルーティン化し「制度集団」へというプロセスを辿るという。サルトルは、十九世紀のフランス革命の際の民衆のドラスティックな政治過程をベースにこのモデルを示すが、この四つのプロセス論は、これまで説明してきたスポーツ集団のタイプとプロセスを考えるうえでもヒントになる。[*22]

「集列態」は「クラス」である。互いに無関心という意味からすれば、体感モードはCOLD。目的意識と危機意識を共有できてまとまる「融容集団」こそ「チーム」であって、モードはHOTになる。華々しい「チーム」の状態は一時のものであり、それを支える「クラブ」は「誓約集団」、モードはWARM。そして、より外部へ機能を広げる「アソシエーション」は、「制度集団」であり、組織はクラブの代表の合議制であり、基本モードはCOOLになる（図13）。そして、その代表制が選出母体の利益代表の側面が強まり、形骸化が進むと、COOLはCOLDになり、集列態――クラスのプロセスに再び入っていく。

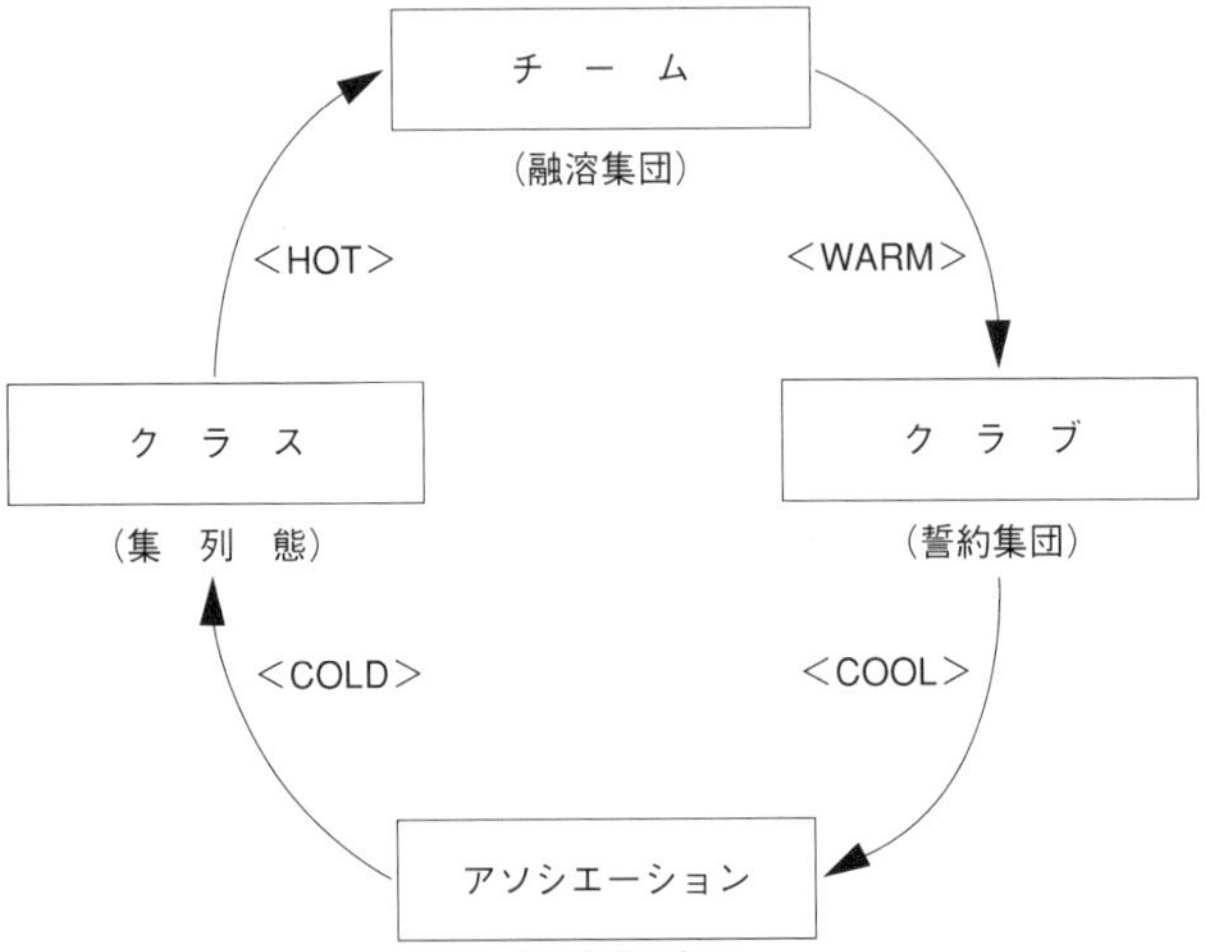

［図13］集団のプロセスモデル

●COOLとWARMの使い分け

サルトルのプロセス・モデルは、矢印で示せば一つの方向性しかなく、不可逆的である。しかし、東京に全国組織がまず立ち上がり、その主導で地方に支部や傘下のクラブが結成されるという、「アソシエーション」が先行して「クラブ」をつくるケースなどは、文化団体やスポーツの組織化の場合はよく見られる（明治四十四年につくられた大日本体育協会は、ストックホルムのオリンピック大会への選手派遣を実行する特別ミッションを担う元祖アソシエーションであり、東京の組織が先行する典型である）。「チーム」がバラバラに「クラス」に逆戻りするケース、「クラブ」という形で親会社が先行し、その中に有名「チーム」をトレードするケースも多くなるばかりである。

四つの集団のタイプを位置づけたが、「クラス」は集団のカテゴリーに入れられるかという集団のコンセプトに関わってくる問題、同じように、「アソシエーション」は集団というよりも組織のサイズに近いという問題が出てこよう。そこを考えると、ベースの集団はあくまで「チーム」と「クラブ」であって、「クラス」と「アソシエーション」はベースとは言いにくい。

所属する、あるいは指導する集団は、「チーム」から「クラブ」へ移行する途上にあるのか、それともその方向性をもたず、「チーム」に留まるというメンバーの意志が固いのか、その見極めが大切である。ヨーロッパでは「クラブ」といいながら、その実態は日本でいう「アソシエーション」という場合も多い。「アソシエーション」の中の社会関係はCOOLな演技性が求められるのに、とかくHOTになりやすい。また、「チーム」のHOTな社会関係は長続きせず、栄光の「チーム」は、「クラブ」のWARMな関係に支持されて初めて連覇の夢を実現する。文化やスポーツ団体の話に留まらず、政治や経済の世界で連合体や連携組織ができず、また長続きしない場合、COOLなアソシエーションの中の関係に、WARMやHOTなつながりをもち込み、壊れやすくしているということもある。フィジカルな関係は、「クラブ」までに限定し、「アソシエーション」の関係は、徹底してバーチャル（見るだけ、聞くだけ）、すなわち、ITや文書連絡でCOOLに済ますことが「クラブ」と「アソシエーション」のこれからのあり方かもしれない。

■引用文献

（1）池田勝「世界のスポーツ政策の動向」、池田勝・守能信次編『スポーツの政治学』一九九九年、杏林書院、一一〇頁
（2）荒井貞光「チームかクラブか スポーツ指導における社会的視点4」『指導者のためのスポーツジャーナル』一九七八年第九号、日本体育協会、四〇〜四四頁
（3）増田靖弘「「スポーツ・クラブ」論 国民スポーツのプログラム7」『体育科教育』一九七一年十一月号、大修館書店
（4）廿日市市教育委員会『はつかいちスポーツビジョン21─生涯スポーツ時代のマスタープラン』一九九七年
（5）太田芳郎『世界テニス行脚 ロマンの旅』一九九二年、一七三頁
（6）綾部恒雄『米国のコミュニティーとクラブ組織』民族学研究、三四巻三号、一九六九年、日本民族学会、二五〇頁
（7）内海和雄『イギリススポーツ政策研究（1）』一橋大学研究年報、人文科学研究三十三、一九九六年、一九〇〜一九一頁

（8）H. Lenk, Zur Soziologie des Sportsvereins, Der Verein, Olympischen Sport-Verlag, 1966 p.255
（9）中国新聞　一九七八年一一月二九日付　中国新聞社
（10）綾部恒雄、前出（6）、二一九頁
（11）荒井貞光・谷口勇一・内海佳子『「21世紀の平和のための基礎研究」スポーツ班調査研究報告1』広島市立大学特定研究報告書、一九九五年
（12）中国新聞社『カープ50年―夢を追って』一九九九年、中国新聞社、一三八～一三九頁
（13）杉山茂樹『FCバルセロナ　徹底レポート　その大いなる全貌』Number464、一九九九年、文藝春秋、三八頁
（14）H. Lenk, Total or Partal Engagement? Changes Regarding the Personal Tieo with the Sports Club, INTERNATIONAL REVIEW OF SPORT SOCIOLOGY, 1966, POLISH SCIENTIFIC PUBLISHERS
（15）Bob Wilson, Club or Country?, Sport & Recreation, The Magazine of The Sports Council, Autumn 1974
（16）H. D. Horch, Self-destroying Processes of Sport Clubs in Germany, European Journal Sport Management, 1998. September
（17）SSF笹川スポーツ財団『スポーツ白書～2001年のスポーツ・フォア・オールに向けて』一九九六年
（18）荒井貞光「地域のスポーツクラブづくりについて―ホンネで書きます―」『社会教育』一九九九年十二月号
（19）内閣総理大臣官房広報室（総理府）『体力・スポーツに関する世論調査』二〇〇〇年
（20）中井正一、前出第2章（5）、二二〇～二二一頁
（21）廿日市町教育委員会、前出（4）
（22）J・P・サルトル著／平井・足立訳『弁証法的理性批判2』一九六五年、人文書院

第4章 クラブの教育力

1 スポーツ教育の誤解

●スポーツ手段論から目的論へ

「スポーツによる人間形成」という主題は、わが国へ近代スポーツが入って以来の揺るぎのない価値観であった。典型的には第二次大戦後の民主主義教育の時代、体育授業の指導目標は、スポーツ技術の学習というより、チームワークやフェアプレイの精神を通しての社会性の育成に重点が置かれたと言っていいくらいである。

一九四五年生まれの筆者の経験からいって、小学校ではサッカーやバレーボールを知らない。主にやっていた球技はドッジボールだった。中学生になって、いろいろなスポーツ種目を知る。当時の体育の授業は、教師が社会性や協力の大切さをチームスポーツの授業の前に説明したとしても、初めてやるバレーボールやバスケット、サッカーの面白さそれ自体に皆がはまり、授業で知ったそれらの種目で企画される校内のクラス別球技大会に向けて、放課後のクラブ活動はそっちのけで自主的な練習に熱中したものである（先にも書いたが、地方の中学校のクラブはソフトテニス、当時の呼び方では軟式テニスが大流行した。そのきっかけは、現在の天皇陛下と皇后陛下がテニスで結ばれたというミッチーブームにあった。地方の中学校では、硬式のテニスボールなど、まだ見たことがない生徒が大半であった）。

学校教育の根幹を規定する学習指導要領は、その時代時代の社会的価値に影響される。高度成長が加速される一九五〇年代後半から、技術の系統だった学習が重要視され、東京オリンピック以降は西欧の選手の体格、体力に圧倒され、体力が重視されるようになる。一九八〇年代以降は、スポーツのもつ面白さや楽しさが前面に出て、現在のスポーツの生涯学習化へとつながっていく。

戦後の学校体育が社会性や生活化に重点を置いても、生徒たちはその種目が気に入れば、単純にその面白さに浸り込んだ。学習指導要領の重点目標が変容しても、子どもや生徒は種目自体の面白さが自分に合うか合わないかを優先した。しかし、そういう現実の中でも、冒頭に掲げた「スポーツによる人間形成」という大眼目は、現実の授業や放課後のクラブ活動が抽象的な教育価値を掲げ、また過度の勝利主義に陥った中でも、教師や生徒のみならず、保護者や世間一般が支持する共通のメッセージになっていった。

何ゆえに、スポーツが人間形成、人間教育の手段として受け止められやすいかという分析は、これまでに限りなくされてきた。武士道や禅という精神性を追求する伝統、学校世界の中で発展したという基盤、教育委員会という行政制度の中での財政の裏づけ等々の決定論が、研究者、関係者によって多少自虐的に語られてきた。そしてスポーツ教育の存在意義は、「スポーツによる」という手段的なスポーツ論から、スポーツの面白さ、スポーツの楽しさを学習、体得するという「スポーツへの」という目的論的なスポーツ論へとシフト変えされ、ここ二十年近くは、スポーツ目的論の方が主流になっているのである。

●スポーツによる人間形成とは

「ベースの集団は何か」という視点を入れて考えると、スポーツ史や音楽、演劇などの文化史も違った読み解き方が成立する。その視点を入れないと、ともするとスポーツは政治に利用され、市場に翻弄されっ放しという誤解を生む。どういう集団をベースにもつときにスポーツが変容するのか、という具体的な考察が必要になってくる。しかし、まだこういうアプローチはほとんど採用されていない。

スポーツによる人間教育の源流を探れば、たいがいの考察は、イギリスのパブリック・スクールのラグビーフットボールへと接続していく。ほとんどの論考の中で引用される『トム・ブラウンの学校生活』の中の次の一文などをどう解釈するかである。

「八年間を通じて、私の記憶にもかつてないやうな激戦のあとで（中略）學校側もすばらしいプレー振りでした、まったく。（中略）私はあの突撃で、兄クラブが倒されたのを見たとき、それがクラブの見をさめかと思ひました。（中略）ところがです、その連中をわれわれが負かしたのです（中略）。しかし、何故負かしたのでせう。（中略）われわれは學校中の選り抜きの選手を、六人も擁してゐますが勝ったのはそのためでもありません。(中略)それはわれわれが學校側よりもお互ひをより一層信頼し合ってゐるため、同寮性意識がより強いため、同胞意識がより濃厚であるためだと思ひます[*1]」。

第三章の「クラブの社会的機能」のところでも取り上げたが、「ハリー・ポッター」の映画の中にも寮の対抗戦が出てくる。この寮というファクターは、わが国の学校論の中にはほとんど出てこない。それはもう昔のことだからか……。しかし、現在の時点においても次の指摘は重要である。「オックスフォード大学とケンブリッジ大学の成功の理由は、恐ろしく単純である。学生が個別に教えられているからである。それ以上に、カレッジシステム(学寮制度)が大量の学生を互いに個人的に知り合える種類のいくつもの共同体に属させるからである[*2]」。これは、「大学人の大量虐殺」というショッキングな論文の中のものであり、イギリスの一九八〇年代サッチャー政権の大学政策に対する大学人の側からの予算カットなどに対する批判である。カネに関わる批判であるので、多少割引いて読まねばならないにしても、先のパブリック・スクールでのフットボールのキャプテンの勝利のスピーチに出てくる寮とこの学寮制度に通底するものは何か、をキャッチする必要があるのではないか。

一言でいって、スポーツによる人間形成という場合、「コートの中」、すなわちグラウンドやピッチの上でのトレーニング効果はあったとしても、寮とかクラブハウスなど「コートの外」空間での体験がそれ以上に大事であることを示唆しているのではないか。昔のパブリック・スクール（子どもをパブリック・スクールに進学させられる家庭は、全体の十％と言われる）やオックスフォードなど超有名な事例でもそうであるのなら、大多数の平均的な生徒や選手にとっての人間教育の効果を上げるためにも、「コートの外」はサッカーや野球、また音楽や演劇の文化活動にとって欠かすことのできない空間であることは明らかである。「コートの中」のパフォーマンスやトレーニングを支える「コートの外」空間、「チーム」をバックアップする集団、ベース集団としての「クラブ」に着目することが必要である。

ところが、学校再編や大学改革というと、指導要領の改訂やカリキュラム変革などを指す。顕在的なカリキュラムという教育用語があって、改革の要点は、そのカリキュラムのいじり方にかかってくる。これに比べると、先に象徴的に挙げた寮やクラブハウスなどは、学校世界の中では潜在的な、ストレートに言えば隠れたカリキュラムなどと言われ、教育学者や社会学者が守旧派やアナクロニズム的な人間を再生産する場として一括《ひとくく》りに批判し、無視してきたものである。古くは一〇〇年を超す部の歴史もあり、また全国に何万とある学校の中のクラブの中には、批判され、廃部にしなければならぬ事例は少なくなかったろう。しかし、それ以上に大部分のクラブの歴史や現実は、クラブ空間を通しての人間形成力をドラマチックにスリリングに語ってくれるに違いない。むしろ、そういう空間を軽視し、排除してきたこれまでのつけが、今の学校や地域社会の各種トラブルと沈滞の原因になっているのではないか。

●スポーツの面白さとクラブ精神

スポーツ手段論とは、スポーツ目的論という価値論を引き出すための予断的な論法だったのではないか。スポーツそのものの価値を教えない手段論は、「体育は校門を出ず」――学校の授業でスポーツを学習しても卒業してしまうと行われないという批判、あるいは、人間づくりのためのスポーツという見方が、戦時中の皇国民練成や戦後の体育会的人間、無思想タテ社会従順人間を作り出してきた元凶という、先に書いたような自虐的な見方につながっていく。

しかし、これらの批判は、ベースの集団という角度を入れて読み直すと、あまりに表面的であり、通俗的な批判だと言わざるを得ない。

例えば、「体育は校門を出ず」――体育の授業は役立たないといっても、それは当時の社会環境や制度がスポーツを実行する経済社会的余裕を有していなかったからで、体制的な脅迫や抑圧に無自覚であったといっても、それは何もスポーツだけ

「学校から出ていく」から「学校へ入ってきてもらう」時代へ。クラブ員は大事なマンパワーだ――あさみなみ区民大学「いい汗いい笑み　いい祭り～スポーツ教室と大学祭を楽しみましょう」――広島市立大学アーチェリー部、2001年

がそうではなく、音楽や芝居、漫才、歌謡にしても、体制の枠内でそれに合う脚色をしなければならなかったのである。また、スポーツという言葉ですべてを括《くく》りがちだが、サッカーやバレーボール、体操にしても、学校世界の中でそれを実際に行う場は体育の授業と課外のクラブ活動(部活と呼ばれることが多いが)、大別してその二つの場で行われ、単純にはスポーツで一括りにできない性格の違いもあった。体育の授業という正規のカリキュラムの中での活動は時代精神や権力に統制されやすいのに比べ、クラブ空間は結果的に体制の支配下に置かれはしても、支配者からすると統御しにくいものというのが歴史であった。西欧のクラブにしても日本のクラブにしても、その原型は多分に閉鎖的であり、今の世を憂い嘆くという気風をもち、時に反権力でもあり、メンバーはエリートが主流であって、その分、時の流れに身を任さない、流れの外にいるという矜持《きんじ》があったからである。

『権力装置としてのスポーツ』という刺激的な本を著す坂上康博氏は、さまざまな論理と制度でスポーツが国家権力により誘導、利用される事例を挙げ、その総括として次のように言う。

「だが、学校外で展開されたスポーツにも道徳の枠をはめ、特定のスポーツ観を人々の心の中に内面化していこうとする企てについては、『実践的修身』という観念が強烈な武道を除いて、ほとんど具体的な効果を上げられなかったのではないだろうか[*3]」。

この指摘は重要である。学校外で展開されるスポーツとは、野球やサッカー、テニスなどである。例えばプロ野球は、敗戦の前年、一九四四年まで続けられた。それは、人々の不満のガス抜きとして許されたから存続したのか、野球そのものが好きという目的論的な志向性が強いから戦時下においても存続し得たのか。学校史や運動部史を見ると、学校の中の運動部や文化部は、報国団という翼賛会的な組織に一本化され、練習や対外試合は禁止されていく。しかし、戦後すぐに学生スポーツは復活している。「昭和二十（一九四五）年十二月初旬、賀茂郡（現・豊田郡）安浦町の海兵団跡を使用して広島医専の授業が再開された後、暫くして蹴球（サッカー）部らしきものが発足したが、それはごく自然発生的なものであった[*4]」。

原爆によって壊滅状態にある広島で、市内から離れた場所とはいえ、すぐに部らしきものが出現したのである。報国団や報国隊という制度の中でもクラブ精神は存続、継承され、その関係性があればこそ、モノ、カネ、ヒマのない戦後のそのときにおいても、サッカー部が再生したのではないか。サッカーが好きという目的の強さは必要であるが、それだけでは十分ではない。それを可能にしたのは、学級としての「クラス」でもなく、統括するサッカー協会としての「アソシエーション」でもない。「クラブ」というベースの集団が戦時下においても語り継がれ、密かにキャッチボールやパス回しなども残った部員同士、あるいは戦地でも行われ、生きていく拠り所にクラブが役立った証しなのではないか。サッカーや野球の面白さが戦後につなげたのか、そのベースにあるクラブの精神が受け継がれたのかの検証は、スポーツ史や文化史の見直し作業として不可欠と思われる。

2 スポーツの世界への関わり方

●「コートの中」しか関われない

スポーツによる人間形成とスポーツの世界への関わり方とは、複雑な関係性がある。本書の基本テーマの一つだ。スポーツによる人間形成といわれると、誰もが納得しがちであるのは、そこで形成される人間像について各人が各自の望みの、期待のイメージを膨らまし、実際は異なるのだが、イメージを了解したつもりになりやすいからである。

図14は図3を下敷きに、「コートの中」と「コートの外」へ、人はどのように関わるかを三つのタイプでモデル化したものである。

Aタイプは「コートの中」での関わり方はなく、「コートの中」でのゲームやトレーニングだけを行

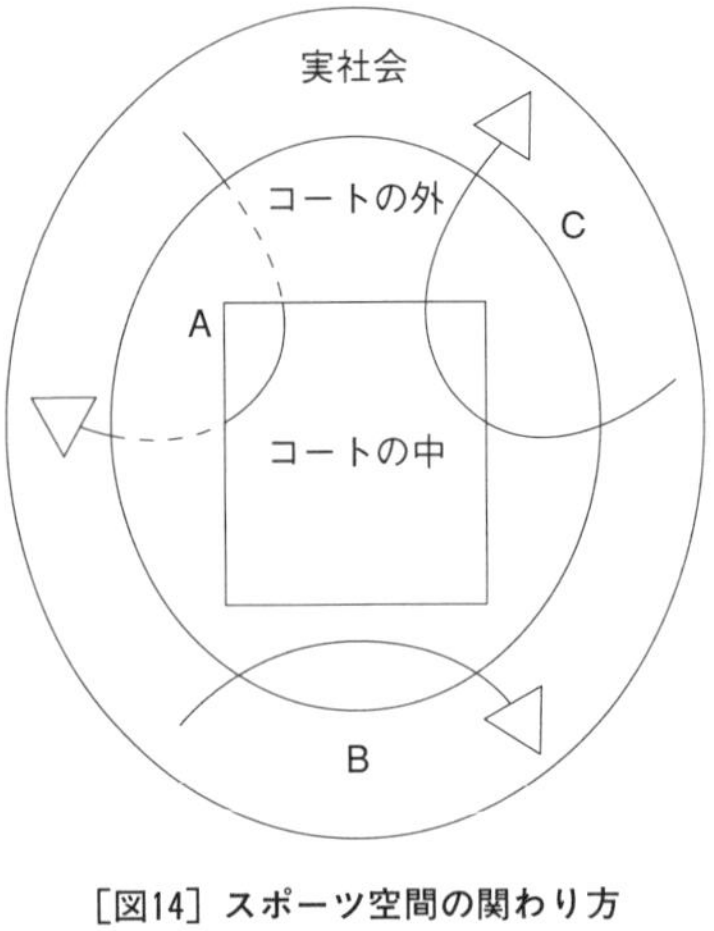

［図14］スポーツ空間の関わり方

おうとするタイプ。これは「コートの外」へも関わりたいが、まだその余裕がなく関われないケース、ヒマ、カネがなく現実的に関われないケース、関わりたくないケースなどがある。運動部やクラブに入りたてのメンバーは、かなりの緊張を強いられる。どこまで、どのように関わったらよいか、明文化されたものがないからだ。「コートの中」の振る舞いはわかりやすい。サッカー部やテニスクラブ、吹奏楽部であっても、「コートの中」のプレイは、サッカー、テニス、吹奏楽そのものであって、技術レベルの違いはあっても、下位のレベルの者は一歩ずつステップアップしていく道程がクリアである。テニスをしたくてテニス部へ、トランペットを吹きたくて吹奏楽部へ入るからである。

「コートの中」でのプレイは下手であっても、自分はまだ下手であるという自己評価はフェアにしやすいだけに、上を目指してはまりやすい。しかし、「コートの外」への関わり方になると、戸惑うことが多い。周りとの距離感や序列は数量化されていない。「コートの中」での各自のポジションと間合いは、ルール上から決められており、納得しやすい。H高校のサッカー部とY高校のサッカー部を比べても、「コートの中」のポジション間の距離はレベルや戦略の違いで広狭はありながらも、原理的には類似しているからだ。しかし、レギュラーが「コートの中」に入っているときは、新人は入れず、ボール拾いや声出しという伝統は「古い！」と否定したくなるが、その形式はどこの学校でも同じではないだけに、変えにくいものである。

「コートの外」の上級生と下級生、古参と新人、レギュラーと控え選手、選手と監督の間合いや序列（例えば、シャワーの浴び方、クラブハウスへの入り方、食事の仕方など）となると、それぞれの学校ごと、クラブごとにより微妙な違いがある。もちろん文章化はされていない、見て覚えるしかない風土、空気のようなもの、すなわちマナーである。ルールを破った場合は、自分へのペナルティは受け入れざるを得ないが、マナーからの逸脱に関してはペナルティも曖昧であり、納得できずに退会、退部していくケースが多くなる。「人間的に未熟である」のリーダーの一言と、「あのクラブは合わない」という新人の捨て台詞は、いつもすれ違いに終わる。

●「コートの外」が成り立たないクラブ

「コートの外」でのコミュニケーションを期待しても、「コートの外」空間が構成しにくいという現実がある。なぜそうなのか。

一つはオーバーワーク、練習過剰である。従来の勝利至上主義は、選手にとっては課せられ、命じられるものであった。勝つことが個人のキャリアアップ（有名校に入り、将来はサッカーや音楽で食べていく）につながるというスポーツメディア戦略により（現実はつながらない比率の方が圧倒的に多い）、今では自主練習を自らに課し、「コートの中」を自分の意志で拡大する。あるいは「コートの中」のフィジカルな練習が終了した後に、イメージトレーニングなどのメンタルな練習で「コートの中」を増やしている。ジュニアは練習漬け、トップ選手の場合は連戦につぐ連戦、平均すると一年三六五日のうち、完全休養日は皆無という選手も少なくない。

一方、「実社会」からのプレッシャーも強まるばかりである。プロフェッショナルとアマチュアを区分する境界が消失した分、能力あるジュニアの振る舞いにも二十四時間メディアはフォーカスし、気が休まるヒマもない。また、表４で見たように、スポーツ選手がバンドを組み、アーティストがスポーツに集中する、一人一芸ならぬ一人複芸志向の傾向も強い。テレビが多チャンネル化するように、メディアは個々人のニーズを多様に開発する。異なる「コートの中」を複数もつことは、それを可能にするカネを得るためのアルバイトや残業を増やさざるを得ない。「実社会」の生活のためよりも、「コートの中」の楽しみのために、カネ、ヒマをかけて実社会が膨らみ、ヤレヤレと寛ぐ「コートの外」を圧迫している。

サッカークラブやスイミングクラブに入っても、そこでのプログラムは「コートの中」だけになり、「コートの外」は失われるばかりである。人間の行為を演技や社交をキーワードに説明する山崎正和氏の言う「意味の小ささ」や「無間地獄」と、「コートの中」ばかり複数化し「コートの中」を包む「コートの外」の喪失感とはつながるものがあるのではないか。

「『図』はその周囲に『地』があってこそ、それとの対照によって浮かび上がるものであるし、それに囲まれることによってのみ、『図』としての明確な輪郭を持つことができる」[*5]という地と図の関係性の不成立、そして、「現代人はこの無間地獄の中で焦燥に駆られており、日々により生きがいある生活を求めながら、現実の意味の小ささに苦しんでいる」[*6]というこの欠落感は、

「コートの外」の欠如にも起因するのではないか。山崎氏の指摘は一九八〇年代前半のものだが、今、スポーツ種目や各種文化活動が盛況下にあり、さらに、それらがすべてメディアによりリプレイされる日常の中で、「意味の小ささ」「無間地獄」の指摘が現実のものになっているのではないか。

かくしてAタイプの関わり方は、「コートの中」の拡大、複数化と、「実社会」からの圧迫により「コートの外」空間を縮小、喪失させていく。名称としてはクラブであるが、その実態は「コートの外」空間が欠如した「チーム」でしかない。「コートの外」での交流は成り立たず、「コートの中」のハラハラと「実社会」のイライラの二つの神経症的な気分は強まるばかりで、社会規範はルールが優勢して、マナーは失われていく中で信頼や秩序が求められている。

●「コートの外」だけの関わり方の是非

Bの関わり方をするタイプの典型は、見物人である。ビールを飲みつつテレビのプロ野球中継を見るタイプと実際にスタジアムに行って応援するタイプの間に違いはあっても、「コートの中」にフィジカルには関わらないという点では同じだ。

西欧のスポーツ社会学では、ずいぶん前からスポーツ見物、すなわちSpectator Sportsを研究対象としてきた。日本でスポーツといえば「するもの」とされ、わが国のスポーツ社会学のメインの価値観は、「しない」人たちを「する」ようにさせるにはどうすればよいか、が探られてきたといってもよいくらいである。「する人」と「しない人」という二分法でカテゴリーを立ててきた日本のスポーツ社会学にとり、参加の仕方に消費者的な参加と生産者的な参加等々があるとした一九六〇年代のアメリカのスポーツ社会学者G・S・ケニオン教授らの参加モデルは新鮮であった。*7 国のスポーツ政策も幅を広げ、「コートの中」の〈するスポーツ〉に加えて、「コートの外」での〈見るスポーツ〉とスポーツ・ボランティアのパワーに期待する〈支えるスポーツ〉の三タイプに分化してきた。

スポーツによる人間形成論からすると、タイプが分化したことは認めても、肝心な点は「コートの中」へ入りたくても入ることができずに「コートの外」に留まるのか、「コートの中」へのニーズはなくて、自らの意志で「コートの外」で見物や応援をしているのかにかかってくる。ファンなのかサポーターなのかという区分も、今では必要である。

本質的には「コートの外」は、ヤレヤレする気分に満たされる空間である。見られているプレイヤーも見ているファンも、「コートの外」ではリラックスしてコミュニケートするシーンが望まれる。しかし、見る―見られるの相互作用を、お互いにプラスの方向で成立させるのは難しい。見る側も見ている自分を忘れ、見られているプレイヤーも見られているというプレッシャーがナイスプレイに昇華するような、見る側と見られる側が一体化したときのスタジアムが「興奮の坩堝《るつぼ》」といわれる時空間なのだ。観客のルールとは言わない。観客のマナーによって一体感に違いが出てくる。マナーとは静かに見ることではない。ウェーブ、ブーイング、スタンディング・オベーション、「アンコール」のタイムリーな一声等々、まだまだ見る、聴くというマナーに関するアイデアやセンスは学習途上にある。

球場に入って観客席から「コートの中」のプレイを見ていても、その見方は、家の中でビールを右手に、左はリモコンスイッチで切り替えつつ見る「実社会」空間に近い気分で見ているのではないだろうか。見ているプレイヤーやアーティストは実像なのか虚像なのか。SMAPなどのアイドルグループの野外ライブの会場には大型スクリーンがセットされ、観客はステージの彼らとスクリーンの彼らを同時に見る状況に追い込まれる。屋内で見ているのか屋外なのか、ライブなのかバーチャルなのか、一人ひとりの視線が混乱錯綜する中にエクスタシーが膨らんでいく。

スポーツの母国であるイギリスに「Sports is the sweetest when no spectators」という諺《ことわざ》というか皮肉がある。「観客のいないときのスポーツがいちばん楽しい」と訳される。しかし、sweetをそのまま訳せば「甘い」であって、「見物人のいないスポーツなんて、甘っちょろい」と直訳する人もいるのではないか。

いずれにしても、テレビ画面を通した見方が現代のメジャーな見方になっている。電車の中での女子高校生の化粧にしても、周りはすべて画面の中のヒト、モノだから気にならない。むかつきだせば、ヘッドホン・ステレオのボリュームを上げるだけだ。見方とは視線の問題であり、社会学らしい取り上げ方は、M・フーコーのパノプティコン（見られるという意識が自己を教育、訓練に追い込む）のようにマイナス思考に正当性があった。[*8] スポーツによる人間形成論からすると、見る―見られるという相互作用をプラスの方向で構想したい。「コートの外」でのよいマナーを身につけることは、クラブの教育力の一つに挙がるし、わが国のクラブ参加率の低迷を「コートの外」への参加パターンから上昇させる契機になる。しかし、スポーツとは競争的で大筋活動であることが常識であり、「コートの外」だけの参加のBタイプに対しては、人間形成という伝統的な教育論からするとまだまだ否定的である。

●Cのタイプの可能性

「実社会」から「コートの外」へ、そしてプレイボールで「コートの外」から「コートの中」へ。ゲームセットで「コートの中」から「コートの外」へ、そして「実社会」へと戻る。この三つの空間を自分の意志で行き来できるようになるとき、人はスポーツの世界への関わり方が成熟する。美学者の中井正一が戦前にすでに言っているように、「コートの中」と「外」を区分する白線は、物理的なライン以上のものを構想する想像力がいる。もちろん世間と地続きの空間ではあるが、「実社会」という日常的な関係性が織りなす世界に比べ、「コートの中」は非日常的、あるいは仮構の空間などではなく、家庭やオフィス、学校のクラスの中のリアルな世界と等しい意味と重みをもつ空間になった。特に青少年の場合、この等価認識が必要である。「実社会」の中のA君と「コートの中」のA選手という彼の中の二人が、彼がよりよく生きるための彼の今を生成している。「実社会」空間のアンフェアなtakeという所与の関係性と、「コートの中」のフェアなtake、投企する関係性は、互いの異なる空間がスリリングに均衡する中で危ういバランスをキープする宿命にある。二つの空間への往来を生き生きとしたものにすることこそ、「実社会」空間の膨張を抑止することになる。

そして、異なる二つの空間をリンクしバランスをとる三つの空間こそが、「コートの外」なのである。「実社会」のtakeと「コートの中」のtakeはフェアとアンフェアの違いはあっても、競争という関係性で彼を動機づけ、社会化している。しかし、競争関係がつくるハラハラとイライラの関係だけでは、すぐに臨界点を越える。「コートの外」のヤレヤレという第三の空間への関わりがあって初めて、「コートの中」のハラハラ気分を彼が制御する可能性を高めるのだ。「鉄は熱いうちに打て」と言う。しかし、打たれた鉄も冷やされる時間、間合いが不可欠なのだ。「コートの中」での悔しさや突き上げる喜びを自らが甘受抑制する意志の強さ、ゲームセットでライバルと握手し、シャワーを浴びる中で競争という関係性を融解させていく空間への身のゆだね方、飲みつつゲームやレースの中のあのショットあのシーンを反芻しつつ交流する実利性のうすい社交という時間の楽しみ方……、それらの非常にナイーブな空間を維持するためにG・ジンメルのいう「気転」、ウイットやユーモアなど、若者世代感覚ののりやジョーク等々の技、そして何よりも、「ここでは万事がひとびとの人格に基づいているからこそ、人々はあまり勝手気ままに自己主張することを許されない[*9]」という互いの自立性への謙虚さである。こう言い換えることもできる。「コートの中」の「チーム」の体感――HOTから、「コートの外」への「クラブ」の体感――WARMへのスイッチである。きれる、むかつくとは、この体感調整のメカニズムが壊れているタイプかもしれない。

●マナー空間としての「コートの外」

トップ選手にとっては、「コートの外」は「実社会」からの期待や誘惑を弱めるバッファゾーン（緩衝地帯）であり、試合前の瞑想は「コートの外」の確保である。子どもたちにとっての「コートの外」は、「コートの中」が鍛錬の「鍛」、すなわち身体の鍛えになるのに対し、「コートの外」は「錬」、練る練られる、子ども内部のけんかや付き合いを通し相手のキャラクターを受け入れ、自分のキャパシティーを広げていく。こう言い換えてよい。「コートの中」はルールを守る場、「コートの外」はルールをつくる場、そのベースの規範こそマナーである。

スポーツの世界の「コートの外」空間が膨らむことで、人間形成の可能性が現実化する。しかし、「コートの外」空間は与えられるものではない。クラブハウスや練習の行き帰りの時空間を「コートの外」の意味空間にするには、勇気や抑制やユーモアや、そして時間が必要である。その中で、人間として成熟していくのだ。

フェアプレイの根本精神は、「コートの中」のルールを守ることではない。「コートの中」の競争がフェアな前提で行われているか否か、競争する条件、環境が互いに納得できるという点が重要なのである。スポーツマンシップの精神にしても、「コートの中」での正々堂々としたプレイを言うのではない。アウェイ——ライバルのゾーンに入る勇気とそこからきれいに退く潔さ、正にSportsのport＝移動する際の美学こそ、スポーツマンシップの真髄なのだ。「コートの中」はフェイント、トリック、ブラフ(脅し)、時にバイオレンス(暴力)まで含まれるゲームズマンシップが入り乱れる世界である。そこではルールを意識しつつ勝ちにいく——ルールを利用するのだ。しかし、その勝敗の結果に対しては受け入れ、そしていつまでも引きずらない。そのための「コートの外」空間のセッティングがクラブの世界のマナーなのだ。

「コートの中」でがんばること、身体を強く、精神をタフにすること、ゴール目指してのチームプレイ、互いのポジションの連携等々は、これまでもよく言われてきたし、ここでは繰り返さない。問題は「コートの外」空間が作用して初めて幅のある人間形成が可能になるのに対し、「コートの中」だけでそれを養成するという教育論が一般化してきたことである。これは誤解だ。「コートの中」と「コートの外」がセットとしてあって初めてさまざまな人間形成の可能性が広がるのである。

［表7］人生におけるクラブ経験の有益度（%）

	役に立つ	わからない	役に立たない
ずっと運動部に入っていた	87.8	0.0	12.2
ずっと文化部に入っていた	79.2	0.0	20.9
両方に入っていた	90.0	0.0	18.9
入っていた時、入らない時がある	66.7	2.3	31.1
入ったことはない	27.4	68.1	3.6

表7は、瀬戸田町というスポーツと文化活動が盛んなことで知られる町のデータである。[*10] 二十歳以上の男女約四五〇人、二十代から七十代の人に「学校時代の運動部や文化部の経験は、その後の人生の中でどのぐらい役立つと思いますか」と質問したものである。どういう場面でどういうふうに役立つかは聞いていない。しかし、運動部や文化部の経験は圧倒的なレベルで評価されている。瀬戸田は人口約九八〇〇人、みかんの美味しさと山の緑と海の青さのきれいな町だ。大都市が失った日本のよさを残しているコミュニティーがあればこその、運動部や文化部への高い評価かもしれない。クラスやチーム、スポーツや文化の違いを越えるクラブ文化の教育力について考えたい。地域を、学校を、社会を再生するため、「コートの中」と「コートの外」の区分から再考したい。

3 クラブ文化と大人化論

●チームが社会をつくるのか

「スポーツによる人間形成」という文化的主題は、表現を変えるとスポーツによる社会化ということができ、社会学のキーワードである社会化をどのように解釈するかということにかかってくる。社会というジャングルの中、DNAだけで生まれるヒトは、どうして人間になり得るのか、また互いにバラバラな社会はどうして秩序と安寧をキープするかは、社会学の古来よりの根本問題であった。Socialization――社会化という用語の発明により、ヒトは食べたり寝たりセックスしたりという私秘的な空間においてすら、その時代、その地域の洗練された様式でドロドロした個の欲求を充足し、また、それらを充たす様式自体が社会の相互作用を強化し、社会も文明化、近代化してここに至るという便利な解釈を生み出した。

確かに「コートの中」のプレイヤーやアスリート、またテニスのペアやサッカーのイレブンにしても、相互了解のルール、客観納得のゴール、合理的なポジション配置の中で「勝つ」というギラつく野性を充足する。勝つことを念頭に、メンタル面、フィジカル面でのピークパフォーマンスを追及し、彼ら自身のキャパシティーを拡大し、個々人の集積としての社会もパワーアップしてきた。

「コートの中」の勝利の追求が彼を鍛え、そのトレーニングの効果が学校に秩序をもたらし、学校を再生したとする物語が、京都の伏見工業高校の熱血監督山口良治氏とフィフティーンのドラマ「スクールウォーズ」である。先に検討したパブリック・スクールにおけるラグビー導入による学校再生と、それをモデルとしたとされる近代オリンピックの創始者P・D・クーベルタンの青少年教育におけるスポーツへの熱い想いも、「コートの中」の秩序やファイティング・スピリットがキャリーオーバー(価値転移)して、「実社会」をフェアに元気にさせるという期待になるのだ。集団論からすれば、「チーム」が青春期の社会を形成してきたのである。

●「コートの中」は人間をつくってきたか

しかし、次の独白などをどう理解したらよいか。

「走っているときはね、教育委員会も校長も、家主のグロリアさんもケニー・マクガイアの父親も、細々したことは一切なくなってしまうのよ。私ひとりになるの。だれも私を止めることはできないし、私を強制して走らせることもできない。私は自分で自分をコントロールするの。そういうところが好きなのよ。自分の生命が一時であっても、本当に自分のものになっている、そう考えられるところが好きなのよ[*11]」。

ジョギングがブームになりかかる一九七〇年代初期のアメリカのスポーツ映画「マイ・ライフ」の中の主人公ベティ・クゥイン、今でいうバツイチの女教師がジョギングにのめり込んでいく心性を吐露するセリフである。「実社会」の細々としたロール、ゴール、ルールを一足蹴る度に外していく爽快感のようなものさえ感じられる。

M・ナブラチロワは、一九七〇年代から女子テニスのトッププレイヤーとして、また女子選手の地位向上のために強い政治性を発揮した現代の女性スポーツのパイオニアとして知られる。若いころは、その過激な（ラケットを放り投げる、審判に悪態をつく等々）振る舞いでも有名だったが、最近の雑誌のインタビューの中で次のようなコメントをしている。

「そこで（ロッカールーム）思いっきり自分勝手になってしまうわけ。そうやって感情を高ぶらせるわけだけど、いま考えればそんなこと必要なかったわね。テニスがあったから感情面が成長しなかったわ。いつもすごく注目を浴びているから、自分自身が誰だかわからなくなるのよ」[*12]。

原文に当たることができないが、テニスがあったから感情面が成長しなかったという自己反省の言に注目したい。「コートの中」とは、そこでがんばって根性や集団精神、順法精神を強化する場なのだろうか、それとも先のベティ・クゥインやナブラチロワが言うように、「実社会」の役割やマナーのもろもろを外す、換喩《かんゆ》表現すれば、人からヒトへ脱社会化したときに得られるランナーズハイの状態、「頭がまっしろ」「全く覚えていない」等々、世界記録やスーパープレイが達成される超常的な時空間なのだろうか。

「私の塾に通って来る女生徒三人は剣道が大好きで、この四月から学校に頼んで部を作ってもらった。すると昨年までとは打って変わったはしゃぎようで、部活も熱が入っているようだ。苦しさをいとわず寸暇を惜しんで練習に励む姿がある。日頃から生徒たちに接していると、単に技能の向上だけでなく、将来の生き方にも役立つ精神の鍛錬につながるのは間違いあるまいと感じる」（斉良茂樹氏「運動部衰退に対策を」『広場』中国新聞読者投稿欄、二〇〇一年七月二日）。

少子化や指導できる顧問教員の減少による運動部の衰退を嘆く投稿が多くなっている。部分的な引用で申し訳ないが、これなどは衰退を憂い、スポーツ活動の人間形成の意義を主張する代表的な一文である。

先のアメリカ人女性によるスポーツ観と、この投稿文を比べること自体に無理はある。種目の違い、年齢、文化の違い、プレイヤーのレベルなど、考慮しなければならない差は多い。しかし、次の点は、それらの違いがあるにせよ、確認すべき基本的なものだと思う。

それは、「コートの中」とは、「実社会」のもろもろの空間を脱ぎ捨てる空間なのか、それとも「実社会」で役立つもろもろを身にまとう空間なのか。「身にまとう」とは社会化を還俗《げんぞく》表現したもので、「脱ぎ捨てる」とは脱社会化と言ってよい。「脱社会化」、英語表記をすればdesocialization になるだろうか。あくまで個人的な造語であって、しかも『現代体育・スポーツ大系』（講談社、一九八四年）という三十巻のシリーズの中の一部の章[*13]の中で出したもので、学会などで認知されているわけではない。

●認知されない「脱社会化」

「コートの中」は、選手や監督という役割を身にまとい、役割期待との軋轢《あつれき》の中で自己を成長させる空間である。「実社会」の役割は所与、すでにあらかじめ課せられた性、年齢、地位など属性のらしさを演じる時空間であるのに対して、「コートの中」の役割取得は、自らがその中に投企――ジャンプする。中井正一の表現を想起すれば、種々のラインを超える瞬間の「締った昂奮」そのものの跳躍だ。「実社会」のイライラ気分はやる気を削ぐのに対して、「コートの中」のハラハラ気分は己を駆り立てる方向に作用する。社会化のベストタイプは、より上のレベルの自分をイメージして、その自分にキャッチアップすることと言ってよい。

「コートの外」空間の意義は、「脱社会化」の機能を担うところにある。ここでは「実社会」のロールなどを脱ぎ、また「コートの中」のゴール（勝者、敗者など）をもち込まない、互いの想像力で構成する空間であることが本質である。したがって、もろいし、はかない。クラブハウスとかオープン・カフェテラスなど、物理的な装置を工夫しても、心ない一言、場をわきまえないマナーによって瞬時にして内部崩落してしまう。「コートの外」がヤレヤレできる弛緩空間だからといって、身にまとったもろもろのすべてを脱ぎ捨て、何も身にまとわないことが「脱社会化」なのかと自問すると、それには疑問を抱かざるを得ない。「脱社会化」といっても、素や裸そのものではないし、全く規範がないかというと、例えば互いがヤレヤレできる最小限のマナーというものは外せない。これ以上の探求は人間の性善説、性悪説にまでさかのぼる哲学的な問題になることは、第2章の「『コートの外』の素の自分」の項でも述べた。

近代国家として、明治以降の日本が教育に期待した機能は、「コートの中」と「実社会」が連動する社会化にあった。スポーツによる社会化という主題は、学校に留まらず、職場において、コミュニティーにおいて、ひいては日本全体において必須のカリキュラムであった。この傾向は日本だけのものではない。スポーツの母国イギリスにおけるパブリック・スクールのラグビー導入時よりスポーツ社会化論は一般化し、イギリスの植民地支配とそれに抗う民族主義の高揚の両局において、アイデンティティー形成のためのスポーツ社会化論は強力な教育論となっていった。スポーツ社会化論は二十世紀の文化的主題だったといっても過言ではない。

問題は次の点にある。社会化する場合、先の還俗《げんぞく》表現をすれば身にまとうとき、それまでまとっているもろもろを脱ぎ捨てて新たに身にまとうか、重ね着（十二単《じゅうにひとえ》！）をするように二重、三重の社会化をするか、その違いにかかってくるのではないか。身にまとい方は世界共通の様式になりやすいが、脱ぎ方は社会化論の未着手のテーマである。そこにこそ文化の違いが出てくる。年間三万人の中・高年者が自殺するというわが国の悲劇、さかのぼれば、テニスの名プレーヤーとして名を馳せた佐藤次郎選手の死、東京オリンピックのマラソン銅メダルの円谷幸吉選手の自死なども、ここにつながる何かがあると思われる。

●「子どもが大人に、大人が紳士になる」ということ

二〇〇二（平成十四）年のワールドカップを静かに見守り続ける老紳士がいた。日本サッカーの父といわれるデットマール・クラマー氏である。

一九六四年の東京オリンピックの開催が決まり、一九六〇年、日本サッカー協会が開催国の面子《めんつ》をかけて招聘《しょうへい》したサッカー強国ドイツ（当時は西ドイツ）からの特別コーチである。現在、サッカー界のリーダーシップをとっている五十～六十代の人たちは、ほとんどクラマーコーチの指導を得ているという。いわゆるクラマー語録はいくつかあるが、活字の形で残っているものは入手できず、関係者へのヒアリングなどで得たものを参考にするしかない。

一つは、日本のスポーツ指導者は「がんばれ、がんばれ」と言うだけで、どこをどのようにがんばれと言わないから、指導者として未熟だというもの。二つ目は、チームが勝ったときに訪れてくる人間よりも、敗けたときに来てくれる人間が真の友人、というものである。どちらも胸にキュンとくる重みがある。そして次の言葉こそ、ヨーロッパの国々のスポーツによる人間形成の価値を、最もスマートに表現しているものと思う。活字で残っているものはないので、内容を聞き伝えの形で示すしかない。もちろん、これらの言葉は、「コートの外」でのロッカールームや建物内のレストランなどにおいて、メンバーにソフトに語りかけられたものだろう。

「サッカーは、すばらしい文化です。なぜなら、サッカーは子どもを大人にしてくれ、大人を紳士にしてくれるものなのです」。

タテのつながり、ヨコのひろがりに気づくクラブのセレモニーは、学校・地域にとって今や貴重な時空間、「縁会」である——広島市立大学トライアスロン部卒業祝賀会、2000年

一九六〇年から一九六八年のメキシコオリンピックの銅メダル獲得まで、日本サッカーの躍進はめざましいものがあった。今では信じられないが、アルゼンチン、フランスなどを撃破しているのだ。

来日当初は、クラマー氏のコーチングがあまりに基本技術の反復練習ばかりなので、日本代表の選手たちはしらける者も多かったという。しかし、東京大会ではベスト8へ進み、次のメキシコ大会では銅メダルを獲得した。当時、直接指導を受けていた現在のトップリーダーたちは、クラマー氏を「人生の師」「哲学者」という人が少なくない。

筆者自身も一九六〇年代前半、東京オリンピックへの出場を夢見て練習に励み、体育教員への道を選び体育学部に学ぶ。一日二〇〇円から三〇〇円の生活費で賄《まかな》う時代、「巨人の星」や「明日のジョー」を「少年マガジン」などで読んだ青春世代だけに、星飛雄馬や矢吹丈が子どもから大人へと脱皮を遂げようとするシーンとダブって、クラマー氏のスポーツ社会化論はリアリティーを帯びて納得できる。

しかし、いま改めてこの言葉を味わうとき、子どもを大人に、大人を紳士にしたのは、「コートの中」なのか、すなわちチームがそうしたのか？ 子どもに大人という役割を、次に紳士という役割を身にまとわせて、彼や彼女を成長させるのはどの時空間なのかが気になってくる。クラマー氏自身が育ったドイツは、クラブスポーツの母国のようなところである。したがって、氏の中に無意識のうちにも、子どもを紳士にさせる空間は、氏が選手とよく対話したという「コートの外」の時空間、ロッカーや食堂であったとしてもおかしくない。それをわかりやすく表現した場合に、スポーツ文化、直截《ちょくせつ》的には「コートの中」のトレーニングやゲームという説明になったのではないか。あるいは、クラマー氏自身は「コートの外」、すなわち、クラブ空間も含めて「サッカーはすばらしい文化」と言ったが、それを受け止めるわが国のスポーツ観念の中ではチームだけのイメージしか連想できなかった――そういう受けとめ方はできないか。

●大人の見直し

「大人の責任」「大人のあり方」等々の書名の本や雑誌の特集が、ここにきて目立つようになった。一九八七（昭和六十二）年に五木寛之氏が『大人の時間』というショッキングな小説を出し、また、テレビの焼酎のCMで倍賞美津子氏が「おばさんだって女、飲も」という台詞が世間の耳目をそばだたせたのは、一九八〇年代のバブル期の経済的なゆとりがあった時代である。しかし、現在見られる大人論は、大人としての責任を自覚しようという説教じみた論調のものが多い。その典型は、「大人を、逃げるな」というキャッチコピーのもと、子どものマナー違反を見過ごさず、病院内で騒ぐ子どもに注意する大人の役割をユーモラスに提唱したCMに象徴される（二〇〇二年、電通西日本広島支社）。中国新聞は、ズバリ「大人の力」と題して、暴走族の犯罪集団化、暴力団支配から守るための大人に期待するキャンペーンを二〇〇二年六月にスタートさせた。子どもの犯罪が凶暴化、異様化する（一九九七年の酒鬼薔薇事件、二〇〇〇年五月から六月にかけてのバス乗っ取り事件、野球部員殴打、母親刺殺事件など、いわゆる十七歳問題）なかで、少年法の適用年齢引き上げ論にからみ、少年と大人の線引きから大人の側の責任問題が浮上する。

二〇〇二年ワールドカップ、日本代表のトルシエ監督にも、日本チームベスト8の快進撃は「子どもが大人になった」と評価された。そもそも一九四五年の敗戦時に駐留するマッカーサー司令官に、日本は子ども、精神年齢十二歳と揶揄《やゆ》された歴史もある。事変の前後には、大人の自覚の責任論、すなわち社会化論が力を得、平静時には母親もおばさんも女になろうという脱社会化論が隆盛する。「身にまとう」と「脱ぎ捨てる」という反対の行為が背景は異なっても、メディアを通して広く受け入れられるということは、人間と社会の関係は単純なものではなく、身にまとう社会化と脱ぎ捨てる脱社会化のアンビバレントな二つの要素を、本来的に持っているということの証明ではないか。

それならば、大人になるということは社会的役割を身にまとう自分と役割を自ら外せる自分を自分の中にキープする、そういう力を自ら支配したとき、大人になったと言ってよいのではないか。これまでは名刺に多くの肩書きを入れるように、役割をいくつも重ね着することが大人の証明であった。TPO、time, place, ocation——時と場合によりその肩書きを使い分ける力量が、大人としての貫禄というか、要領、器量であった（人間は初期社会化されたあとは、常に前の自分からの決別を繰り返す。それを「翻身」といった社会学者はバーガー＝ルックマンである。このタイプの社会化と、ここでいう脱社会化は関係がなくはない概念ではあるが、ここではこれ以上の議論は差し控える[*14]）。

●大人化という概念の必要

これまでの内容を整理しよう。デットマール・クラマー氏の「子どもを大人に、大人を紳士にするサッカー」というフレーズを手がかりに、スポーツによる人間形成論を再考した。スポーツ種目、性の違い、世代差で微妙な違いはあるが、「コートの中」で子どもが成長していくという期待と、それとは逆に「コートの中」は子どもに還っていこうとする二つがあることを指摘した。前者は正当な社会化であり、後者を仮に脱社会化と名義化した。この二つはどちらが正しいか否かではなく、人間には社会化と脱社会化の性向の二つがあると受け入れたほうがよい。そして結果として、「大人とは、社会化と脱社会化の異なるベクトルに自在に乗れるバランスをもつタイプ」と仮設定した（超社会化というテーマの論議もある。超社会化とこの脱社会化が違う概念であることは言うまでもない）。

「脱社会化」「大人化」という言葉の必要を提案したのは、文献[*13]の中でのことで、一九八四（昭和五十九）年である。「コートの外」というヤレヤレ空間が、スポーツ指導者の講習会のテキストやスポーツ雑誌や新聞などに載り始めたころであって、調子にのって「社会化とは社会人化であった」などとまで書いている。批判精神旺盛なころだったからできた無茶な概念だろう。

ところが、ここに来て「子ども→大人→紳士」とよく似た社会化図式を知ることができた。「子ども→大人→君子」モデルがそれである。著者の村瀬学氏の著作の範囲は広く、私などではこのモデルのコメントはできないが、その心意気は次の文章から窺うことができる。氏は「モラトリアム人間」「ピーターパン・シンドローム」などのマスコミ受けする心理的言説に対して厳しく批判する立場をとり、次のように言う。「日本の若者にとってはほんとによろしくないのである。早く現実的な思考スタイルに立ち返らなくてはならない。ということは、人は『大人になりにくい』のではなくて『大人になれる』けれど、その後が大変なのだという思考法に切り替えることにする。『モラトリアム人間』からの脱出とかそういうイメージで物事をとらえるのではなく、消費産業社会では、少しずつしかさまざまな共同体には所属できないのだから、その少しずつの所属を生かしつつ、そこでいかに『礼』を作り出し、共生する主体を作り上げるか、その為の『公の意識』をいかにしたら作り出せるのか、その道筋を探るアイディアを作り出すことが必要になるのである*15」。

そのアイデアを孔子の君子論に求められ、独自の論を展開されている。簡単に言うと、大人とは何か、で躊躇する時間をあまり取らず、その価値論的な詮索は君士論などにゆだね、ともかく子どもを成長させる具体的なルートを作ろうという主張とも受けとめられる。「子ども→大人→紳士／君子」という論法は、洋の東西を問わず出てくる必然性があるのかもしれない。

●クラブ文化と大人化

脱社会化できる空間は、ヤレヤレできる弛緩空間である。それを「コートの外」と定義し、その必要をあちこちで述べてきた。「コートの外」は「実社会」のルール、ゴール、ロールを外せるし、また「コートの中」の勝ち負け、ポジション、規則などもオフである。しかし、「コートの外」はクラブ空間であり、そこでの関係は、ルールではなくマナーという親規範により柔らかく統制されている面は否定できない。「コートの中」よりも「コートの外」の違いにクラブ加入のビギナーは戸惑うし、子どもたちは「コートの外」で学習する割合が高いくらいである。とすると、「コートの中」の一つひとつのプレイに集中するほど、子どもや選手はヒトに近く脱社会化するのに対し、「コートの外」は「実社会」のもろもろの役割からは脱社会化しているが、

「バイトで世間を知る」という今の青春時代、「クラブで世間を知る」ことこそ大事。教室の中のテキストだけでなく、クラブで実感する民主主義のソフトパワーに期待したい

ゲームの前後のスポーツマンシップ精神を基軸にして、紳士や君子という役割を身にまとう時空間になるとしたらどうか。

第2章の「4 クラブとは何か」で、クラブの関係性をclub together、ともに力を出し合って、モノ、コトをつくる精神として説明した。写真はテレビ画面からの複写でわかりにくいが、「クラブは民主主義のベースになるものです」というメッセージの日本語訳が入っている。広島ホームテレビのスポーツディレクターの河野高峰氏が、一九九八（平成十）年にヨーロッパのスポーツクラブを取材し製作した、地域のスポーツクラブの必要性を問うドキュメンタリー番組の一コマである。[*16] 画面の人物はドイツ・スポーツ連盟会長のヘルベルト・ディアカー博士である。授業でこのビデオを使わせてもらうことにしている。見た学生は一様に驚く。「スポーツクラブは遊びの場であった。それなのにクラブと民主主義が結びついたのには参った。歴史の差かも……」（国際学部一年男子）、「運動部とクラブの違いがよくわかった。こういうクラブならやってみたい」（情報科学部二年女子）等々。club together を成立させる時空間の心理は、ヤレヤレできるイーブンな関係がベースにあり、それを可能にする条件、環境設定に向けてお互いの知恵と力と金を出し合う、そういう価値観と行動様式がクラブ文化と言えるものだ。クラブの関係は共存のための協同、チームは競争のための協同であって、体感温度はチームがHOTに対してクラブはWARMであったことを再確認したい。

ややこしい表現になるが、クラマー氏の言う「子ども→大人→紳士」という社会化は、サッカーやトライアスロンというスポーツ種目がそうさせるのではなく、クラブ文化がベースにあって初めて達成されるという考え方が自然ではないか。次の言い方はさらにリスクが伴うが、スポーツ文化とはこれまで言われてきたこととは逆で、「紳士→大人→子ども」にと脱社会化していく行動様式として考えられないか。そして「子ども→大人→紳士」の社会化と「紳士→大人→子ども」の脱社会化のベクトルが双方向化するとき、すなわち「子ども↔大人↔紳士」とループ化されるとき、スポーツによる人間形成は、スポーツ社会化論としてではなく、スポーツ大人化論として成熟の域に近づくのではなかろうか。

大人の概念規定を試みることは難しい。しかし、仮に「子ども↔大人↔紳士」の図式を意識すると、大人のイメージとしては、「いくつかの可能な世界の間を少なくとも往き来できる力をもっており、選択可能な数多くのアイデンティティが提供してくれる『素材』をもとに、計画的かつ自覚的に自我を築いてきている人々[*17]」という規定が近くなる。

ベースの集団がクラスでは、「コートの中」でいくら鍛えても大人化はできない。なぜなら、社会化とは具体的なモデルが不可欠だからだ。「コートの中」はジュニア同士であっても、「コートの外」にはシニアもＯＢもいて、交流できる。そういう時空間の中で初めて、社会化は現実のものになっていく。目の前の大人が「コートの中」と「コートの外」で違う顔をすることを実感することが、フィジカルな社会化の第一歩なのである。

●社会の再編へ向けて

社会がチーム集団化すると、ヒートアイランド化に拍車をかけ、構成メンバーは職場、学校、家庭、地域の中でバーンアウトするばかりである。チームのＨＯＴ、クラブのＷＡＲＭ、そしてアソシエーションのＣＯＯＬな体感が時空間ごとに違うことで社会のキャパシティーは広がり、個人はリフレッシュでき、自らがリストラクチュア――再生に向かうのである。

戦後から高度成長社会、そしてバブル社会にかけ、社会を編成するベースの集団は業績を第一義とするチームばかりになってしまった。社会学も、ＷＡＲＭなクラブ集団を時代遅れで曖昧、ハイソなものとして敬遠し、ミクロレベルでは身体論へ、マクロではネットワーク論に拡散させた嫌いがなくはない。行政の政策レベルからしても、既得権益を握る社会集団、町内会や子ども会、PTA、体育協会等々に対しては機能失調化している割合が高いにも関わらず、実際にはそれら伝統的社会集団に対してはアンタッチャブルでいくしかなかった。学校教育の改革の方向にしても、ゆとりの時間拡大といいながら、かろうじて残っている部活の時間を奪うばかりではないか。効果の上がる学習はクラブ的学習であり、教科的学習を相対視する必要があるのに……。[*18]それにしても、ここにきて少子高齢化、そして低成長——減速経済の影響は強まるばかりである。

しかし、第3章の「クラブの機能論」で見たように、アゲインストの時代ほど、社会集団の互助機能は活性化する。紙幅の関係で触れられなかったが、欧米社会では政治や経済などシビアな局面でもクラブ的集団が底支えをしているのが伝統と思える。[*19・20・21]よく言われるわが国のロビー外交の拙《まず》さとは、「コートの中」と「コートの外」を切り替える手練手管に慣れていない、すなわち、チーム活動しか知らない政治、経済両面のリーダーたちの演技不足にあるのではないか。

表8は、一九八五（昭和六十）年に「社会教育」という専門誌に初めて出したものである。[*22]本書の中でも度々触れたように、チームと隣接する集団として「クラス」があるが、クラスを入れて四つの基本形としたいと思いながら、結局、十七年前のこの表でストップしている。ベースの集団としては、「チーム」と「クラブ」である。しかし、左欄の中にネットワークとして表現しているように「チーム」と「クラブ」は対立する集団ではなく、チームはクラブに包摂

されたときがベストの状態、また、クラブもそのときがピークを迎えるのである。社会学的思考はこれまでどちらかというと、ゲマインシャフト対ゲゼルシャフト、コミュニティー対アソシエーションという二項対立が基本図式であった。現実の集団や組織は重なり入り組むのに、研究レベルになると二分法でやるものだから、結果として「大学の先生のやることは役に立たん」と言われるのがオチであった。

　チームとクラブが入り組むように、アソシエーションとクラブの関係も、アソシエーションがクラブの連合体から構成されているときに、地域に対して実質的な貢献ができる。クラブとアソシエーションとは対立するものではない。対立しているときは機能失調にどちらかが陥っている。

　それにしても、クラブの価値を「和合」としたあたりも古くさい。クラスのネットワークに関し

［表8］スポーツ集団の三つの基本型

	集団的側面			指導的側面		
	ネットワーク	関係	価値	リーダー	内容	リーダーシップ
チーム	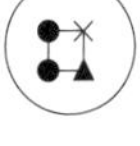	競争／協同	業績	コーチ	指導	権威
クラブ	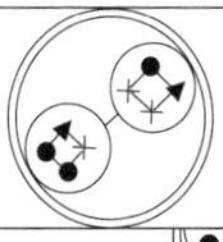	共存／協同	和合	マネージャー	代表	影響
アソシエーション	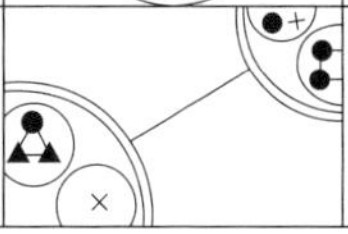	連合／協同	貢献	オーナー	管理	権力

ては図5で示したように、「業績」はパーソナルに追及される時代に入り、チームも解体寸前、先行不安が続く。一方、二〇〇二年ワールドカップでも明らかになったように、ヨーロッパの名門クラブは、クラブといいながら、その実態はデリバティブ・カンパニーであり、アフリカや南米のサッカーエリートの引き抜きと使い捨ては、十六世紀から始まる黒人奴隷の売買の現代版かもしれない。一方で、アソシエーションはますます名誉職化、サロン化、老人化するばかりである。

クラブ文化論とは、ヨーロッパのクラブの本質を取り戻しつつ、わが国独自のスタイルを作るとしたいのだが、正直に言うと、その答えは未だに出しにくい。オリジナリティー（個性）はオリジン（本源）にあるとも思われるし、それだけではいかにも時代にマッチしない。かといって、NPO化することかというと、それではあまりにも短絡的である。ここでは日本的クラブの価値として「和合」をあげ、階層をクロスオーバーするものとして示したが、このアイデアも二十年近くも前のもので、社会が勝ち組と負け組に分極化する現在では賞味期限はとっくに過ぎている（うがった見方をすれば、分層化する社会をコーディネートするベース集団として、クラブが再びクローズアップされるときが来ているのかもしれない）。

スポーツ社会学もこのごろは、クラブや組織の歴史をケーススタディーする発表や論文が出始めてきた。目の前の集団や組織の機能失調をリフレッシュし、社会の再生につながる研究がスポーツ社会学には求められている、と個人的には思っているのだが……。

■引用文献

(1) トーマス・ヒューズ著/前川俊一訳『トム・ブラウンの学校生活』上 一九五二年、岩波図書、一四七頁
(2) リチャード・ゴンブリッチ著/大田直子訳「大学人の大量虐殺 1980〜90年代イギリスの高等教育政策」『世界』二〇〇一年五月号、一〇二頁
(3) 坂上康博『権力装置としてのスポーツ 帝国日本の国家戦略』一九九八年、講談社、二四七頁
(4) 横路謙次郎(文責)『サッカー部 広島大学医学部50年史 クラブ編』二〇〇〇年、三頁
(5) 山崎正和「演技と意識—演技する精神(三)」『中央公論』一九八二年一月号、一五七頁
(6) 山崎正和「演技と行動—演技する精神(三)」『中央公論』一九八七年十月号、二三七頁
(7) G. S. Kenyon, Aspects Of Contemporary Sports Sociology, Institute, Chicago, Illinois 1969, Athlete
(8) M・フーコー著/田村淑訳『監獄の誕生』一九七七年、新潮社
(9) G・ジンメル著/阿閉吉男訳『社会学の根本問題』一九七三年(初版第六刷)、社会思想社、八五頁
(10) 瀬戸田町教育委員会『瀬戸田町生涯スポーツ振興計画(試論)』二〇〇一年
(11) J・ソレル著/多木日出子訳『マイ・ライフ』一九七九年、集英社、一九一頁
(12) A・ダンカン著/広瀬直子訳『マルチナ・ナブラチロワ 再び、燃え尽きるまで』Winds September、二〇〇二年、七六頁
(13) 荒井貞光「文化としてのスポーツ」『現代体育・スポーツ体系』第一巻 講談社 一九八四年
(14) P・L・バーガー・T・ルックマン著/山口節郎訳『日常世界の構成』新曜社、二六四頁
(15) 村瀬学『13歳論 子どもと大人の「境界」はどこにあるのか』一九九九年、洋泉社、二三四頁
(16) 河野高峰/広島ホームテレビ「クラブチーム—Jリーグ6年目の岐路—」一九九八年四月十九日放映
(17) P・L・バーガー・T・ルックマン、前出(14)、二九〇頁
(18) 荒井貞光「青少年のスポーツクラブ育成の視点と課題」『社会教育』一九八五年十一月
(19) 木下玲子『欧米クラブ社会』一九九六年、新潮社

(20) クラウス・ティーレ・ドルマン著/平田達治・友田和秀訳『ヨーロッパのカフェ文化』二〇〇〇年、大修館書店
(21) 宇都宮徹壱『ディナモ・フットボール　国家権力とロシア・東欧のサッカー』二〇〇二年、みすず書房
(22) 荒井貞光、前出(18)

終章

クラブづくりは脳内対話から

「いよいよ終わりですね」

「いや、まだ書きたいこと、言いたいことはいっぱいある。表9（216ページ）はね、三十年、雑誌や講演でプレゼンテーションしてきたことを三年前にまとめた、まあ、遺書みたいなもんだね」

「システム・サービスなんて言い方は、あんまり聞いたことないですよ。リサーチ・サービスの項の、『コンサルタント問題』として、『アイデア不足、高すぎる』『地元の知を生かす』なんてのは、東京に対するいやみそのものですねぇ」

「チームの志向はグローバリゼーション、これに対してクラブはローカリゼーション。クラブを考えるということは、一人ひとりの足元を再点検、再構成するということ。広島は、アジア大会、国体、ねんりんピック、スポレクとビッグイベントが続いたが、たいがい東京の広告代理店、中央の競技団体が絡み、問題を仰々しく、コストを高くする。社会学で社会構築主義といって、『これが問題です』ということが問題をつくるというはやりの言説があるが、東京の代理店、官庁、学者のやることは、業界構築主義、めしを食うための問題提起、もっと地元や現場に任せればいいんだよ」

「なんかもう、やけくそですね。マネー・サービスの中の『サイエンスより一万円』というのは何ですか」

「うん、これも想いのつまったメッセージ。よくぞ聞いてくれた。東京の大学を出て、地方の教員になるバリバリの頃は、スポーツ科学を教えちゃるというスタンスでクラブの顧問になる。駄目だね、まったく。クラブの連中は、そっぽを向く」

「あ、少しわかる。クラブには前からのやり方があるし、ラブリーな人間関係で成り立ってるんですよ。その先生の言ってることは正しいのかもしれないけど、教えてやるという入り方では不愉快ですねえ」

「だから、サイエンスをひけらかすより、新歓コンパのときにまず一万円を差し入れすること、そこから始まるよ」

「……」

「コンパはカンパの時空間。クラブってのはそういう空間。資本主義じゃない、レアなピュアな空間だよ」

「何だかわかんないけど、お金をもらえるというのはクラブにとってラッキーです」

「君らは、もっと顧問の教員やOB、OGを大切にすべきよ。盆暮れのセレモニーにはちゃんと呼んでる？」

「だけど、呼んでも来ないんですよ。忙しいって」

「そりゃ、呼び方です。ちゃんと招待状出してんの」

「いや、メールですけど」

「ちゃう、メールなんてデリートされてお終《しま》いよ、往復はがき、そこにはそれなりの活字が並ばなきゃ。文化ってのは、またこの定義があいまいなんだけど、現象からすれば、そこにつながりとひろがりができてるときに、クラブの文化になってきた、そう言えるんだね。サッカー部が全国優勝するっていう場合、スーパースターで勝ってるうちはクラブ文化じゃない。OBや下級生とのつながり、ブラスバンド部やスポーツ少年団、地域の指導者や商店街までのひろがりで勝ち出すときに、クラブに文化ができてきた、そう思うんだ」

「そこを聞きたいんです。文化の現象というか、結果はつながりとひろがりでいいとして、クラブ文化、その言葉自体の説明、それがほしい」

「まだ考え始めたばかりなんだ。ともかくスポーツ文化、スポーツ文化と言ってきたんだけど、どうも、それだけではうまく説明できない気がしてる。スポーツクラブだけでなく、音楽系やアート系のクラブでも、うまくいっているクラブには共通した何かがある。それこそクラブ文化、そう言いたいんだなあ」

「それって何ですか」

「結論になるけど、CLUB　TOGETHER、みんなで力を出し合って何かをやる気風、具体的には、クラブがチャンス、トウゴウ、リベン、ケイモウの社会的機能のうちの一つか二つ持つようになるとか、やっぱりチームじゃない何かを持っているということかなあ」

「なあ、じゃないでしょ」

「なあ、くらいがいいの。クラブ・サービス、マネー・サービス、サービスなんだから、SU

RVICE、奉仕、お手伝いでしょ。これでいけって百パーセント決めちゃうサービス・エースはカルチャー、CULTURE、耕すとか造るに合わない。つまりクラブは、サーバー、行政や教員だね、それとレシーバー、メンバーや住民の間に、いいラリーが何度も続くときこそ、人が育ち、学校、地域が活性化してるんです」

「なぁるほど。モノは言いようというか……。余地とか、ゆとりとか、間《はざま》とか、そこらを『コートの外』とつなげたいんですね」

「そうなんだ。『コートの外』のヤレヤレ気分からこそ、コミュニケーションとクリエーションが生まれるんです。講習会で話すと、ここで質問される。どうしたらチームじゃなくてクラブをつくれますかって。まずは、『コートの外』をつくること。だけど、これがむずかしい。だって、『コートの中』の練習時間をカットすることになるから、さ」

「そうですよね、やっぱり長い時間練習してるところが勝ちますよねぇ」

「コートの外をつくるということは、指導者の力量もあるけど、チームを取り巻く学校や地域の文化の有り様になるんだね。プログラム・サービスの中の『宴に語りを』とか、インフォメーション・サービスの中の『一声、一汗、もう一杯』なんてのも、クラブづくりと言いながらクラス化している今の指導者に考えてもらいたいフレーズですよ」

「クラブ・サービスの中では『何でもありの良いとこ取り』といってるのに、今の言い方にしても、俺の言ってることを聞け、みたいな……」

「えー、そのう、あっ、ここ。リーダー・サービスの中で言ってるでしょ、『リーダーのローテーション』長くやりすぎない『サマランチゼーション』て、さ」

「何です、このサマランチゼーションて」

「これは体育学会のメインのシンポジウムで言って、後で怒られたいわく因縁のフレーズで、IOCの前会長サマランチ氏が、会長の任期の規則を自分で変更して長くやってしまったという事件にひっかけたんだ。定年とか任期がきたらきれいにやめるべき。日本が戦後、奇跡の高度成長を遂げたのは、戦前のリーダーがいっせいに追放され、組織、制度がリフレッシュしたからなんだね」

「はあ、そうですかね。先生も言うわりにはあれこれ委員を長くやってんじゃないですか」

「やってくれる人がいないから、仕方がないの。次いこう、次」

「(笑)」

「図15は、クラブづくりをする場合の着眼点というか、具体的な切り口をモデル化したもんで、一九九九年に『社会教育』(財)全日本社会教育連合会)という雑誌で発表してるんです。

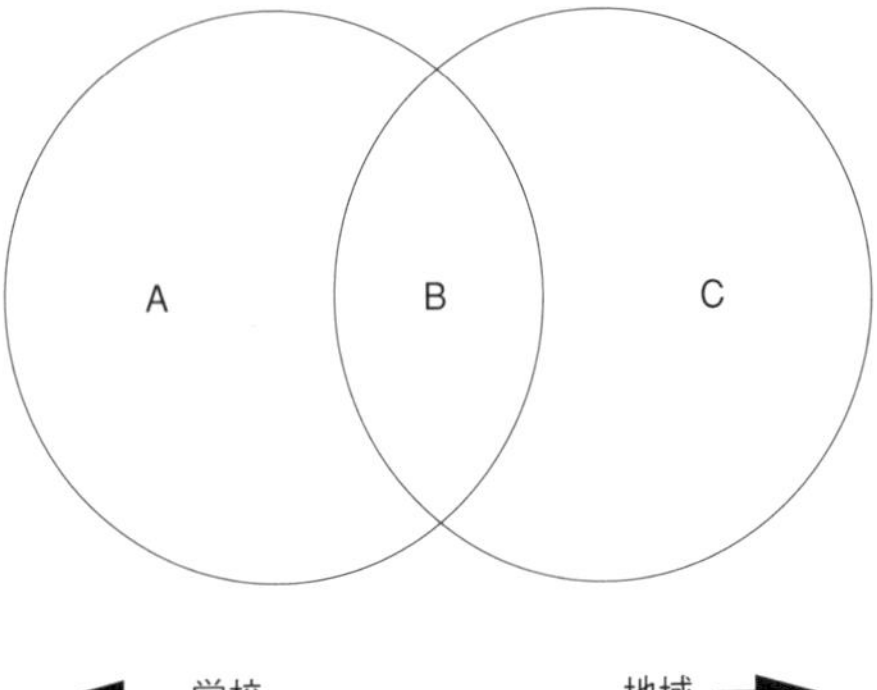

[図15] クラブづくりの3パターン

中学生と高校生、違う学校間での合同練習会はまことに賑やか。クラブこそ学校と地域のバリアフリーの可能性をもっている——広島市の運動部活動地域連携実践事業、2003年

Aゾーンでクラブを立ち上げる場合というのは、学内につくる総合型クラブ、テニス部やサッカー部が横につながって、共通のイベントをやったり、ネタ交換、ヒト交流をやっていく。今は、一つひとつの種目のバリアが高いから、顧問も敬遠してなり手が増えない。クラブの顧問は、そこにいるだけでいい。下手でも『一声、一汗、もう一杯』、これで十分。クラブ空間は部員も顧問もクラスのときと違う顔でつきあう場なんだよ。中体連とか高体連の外の問題になるけど、全体としての方向はバリアを低くしてきている。違う学校同士でチームをつくったりというふうにね。写真は、中学生と高校生のクラブが合同練習の様子で、こういうことが実現してきてる。とにかく、学校の中のクラブのつながりとひろがりを大事にしたい。クラブが弱くなるという

ことは学校のパワーがダウンしたということ。大学生でいうと、就職の内定をいくつも取るやつは、たいがいクラブで奮闘努力したやつだよ」

「ゆとりの教育とか言いながら、クラブを学校で楽しめなくなるというのは、おかしい。私も、これだけは同意、賛成します」

「Cゾーンのクラブは、地域独自のクラブづくり。これには三つのパターンを考えたい。一つは、市町村の体協。大規模都市になると小学校区や中学校区の地域体協がクラブ化していく方向。体育協会、広島市ではスポーツ協会と名称変更したけど、それらはその中にたくさんの種目別クラブを抱えている。見方によっては協会こそクラブ。しかし、今は協会をそれぞれの加盟クラブが支えているという関係になっていないんだね。例の総合型スポーツクラブの立ち上げも、地域の体育協会が固すぎる、動かないというレッテルを貼り、別にクラブを立ち上げて、その後の関係修復に苦労しているケースも少なくないね。本章の中でも言ったけど、アソシエーションが名誉職化、サロン化し、その事務局の根元を行政が抱えて離せない。総合型クラブの立ち上げも第二ラウンド、体育協会とクラブの新たな関係をつくるとき、そう言ってるんですよ。

二つ目は、地域にはすでにいろんなスポーツクラブがあるんだね。それとの連携を図りたい。たとえば、民間の柔道場や剣道場、それらと整体師、漢方屋さんとも絡んでオリエンタルな武道系のクラブを立ち上げてはどうか。一方では民間の水泳教室やフィットネスクラブ、テニスクラブなど西洋系クラブとの連携もある。職場のクラブや施設も穴場だね」

「日本のチャンプは今や民間のクラブから出てるのに、それを商業ベースのクラブなどと言って、排除する傾向がありますよねえ。民間のクラブのほうも少子社会のあおりを受けて困ってるんです」

「いや、すぐに少子多死社会が来るよ。私なども六十までいけるか、わからん。東洋系クラブに入って、指圧や漢方やらにゃいかん」

「そういう人に限って長生きするんですよ。それで三つ目のクラブは」

「これはかなり実現が困難。今、それどころじゃないんだけど、言おう。小さい町村がクラブによってつながる広域スポーツ行政圏クラブがそれ。広域行政ということで合併していく大変な時期に入り、方向としては今の逆で、合併の前に補助金を取って、クラブを立ち上げとこうという気運が強い。それもわかるが、人と人のつながりが、これまでは法事や祝事でつくられたものが、スポーツや芸事によってつくられていく。そういう考え方にリアリズムがある。クラブによって、スポーツコミュニティーができたり、歌舞音曲コミュニティーができる」

「クラブは本来、閉じやすいものですよね。そのクラブが地域をつなげられるかです。地域に根ざすとか地域密着型なんて言い方わかってないですよねえ」

「いやいや、何でもありですよ、今の時代は。私、個人的には、Bゾーンのクラブでがんばりたい。これは、学校と地域の両方にまたがるクラブ。そこで重要なヒトにクラブのOBやOG

をもっていきたい。学外指導者としてOB、OGを使いたい。大学にしたって、卒業生が顔を出すのは、ゼミよりもクラブの出入りのほうが多いんじゃないか。OBやOGがイベントでいろんな人を連れてきてくれる、差し入れもしてくれる。現役の連中もOB、OGを頼って就職活動をしたり、世間や会社、結婚とは何かを知る。テレビドラマでなくフィジカルにOB、OGとの練習や飲み食いから知るんだね。そして社会や世間を身近に感じ、パラサイトをやめて前向きに生きていくんだ」

「そういうのって、戦前世代の郷愁って言うんです。だって無理ですよ。学校のクラブの顧問の先生は3、4年で替わってしまうし、OB、OGの名簿もないし」

「そう、そのとおりだ。今の時代、クラブは、ブラスバンドやサッカーを楽しむための受け皿、単なる消費財であって、文化としてのクラブじゃないんだね。大学にしたって、政治家になるため、マスコミに就職するための塾、公務員になるセカンドスクールなどが大はやりの時代。いよいよクラブ文化が成り立ちにくい。クラブに費やすヒマ、カネがあるなら外国へ遊びに行くとは何事か！」

「そんな、怒らないで下さいよ。どうすりゃ、いいんですか」

「……」

「せ・ん・せー！」

「それは、せんせーい。ありゃ、古かった。うん、カラオケ行ったらみんなで歌える歌から始めることかもしれん」

「なにをとぼけたこと言ってんですか。そろそろ締めに入りましょう」

「本章のほうで言えば、第1章では、学校といい地域といった場合、それをつくってきた隠れた要因にクラブというものがある、そのベースの集団の重みを歴史の中から引き出したかった。第2章は、『コートの外』と『コートの中』の空間生成論、ピッチの外とかアフターゲームとかだいぶ言われるようになったが、まだまだわが国のベースの集団はクラスとチームなんだね」

「やっぱ、クラブワークよりチームワークですよ」

「わかっちょるよ。『コートの外』ってクラブハウスのことでしょ、とかいうイージーなやつが多いが、そんなもんじゃない。スピリット、そこを言いたかったんです。

　第3章では、チームとクラブの違いを社会的機能からリストアップしたかった。スポーツ系のクラブ、学校でいえば部活だけど、スポーツ系よりも音楽やアート、サイエンス系の部活の落ち込みのほうがシビアなんです。どこもトウヤやチャンス、リベンなどの機能を失いつつある。逆に考えて、そういう機能をなくしたから、今のクラブの衰退があるのではないか。そこをサポートするのが、アソシエーションとしての音楽連盟とか中体連、テニス連盟などのクールな組織でしょ、そう言いたかったんです。しかし、それをやりすぎるとクラブとアソシエーションの違いがわからなくなるんだ」

「なるほど、少しわかりました。アソシエーションとクラブは対立しない方がいいということが。で、第4章の大人化論というのは、言葉自体、造語ですね」

「そう、新しい言葉はゾーンを広げると思うんだよね。新しさだけでなく、使い慣れてる言葉でも、そのオリジンに日常のマンネリズムを突破する力がある。第4章のアイデアは二十年も前のものなんです。チーム空間は脱社会化でヒトに近くなり、クラブ空間で社会化のマナーを身につけて人になる。そしてその二つをループ化し大人化としてくくり、俗流大人論を名刺の肩書き増やす論として退け、大人にもっと豊かさと気楽さをもたせたかった。大人になることはイヤ、いつまでもモラトリアムしていたいという後退気味の社会に、ノンと言いたかったんだね。チームだけのつきあいではHOTだからバーンアウトする。チームも含むWARMなつきあいこそがしなやかな人を育てる、こう言いたかったんです」

「理屈は、わかります。で、先生って、そういうクラブで育ったんですか？」

「鋭いねえ、君。私は、チーム育ちかなあ。プレッシャーで負け通し。コートの中と外を区別する白線がついに引けなかったタイプだよ。そういう意味では、この本を書いたパトスは、私自身の願望に尽きるねえ」

「なんか……いやいや、とにかく元気出していきましょう。写真はどういう関わりのものなんですか？」

「これまでの三十年、はじめの二十年は、地域のクラブづくりをやってきた。いろいろいい写真あるけど、ファッションからしてやっぱり古いからやめた。この十年は、広島市立大学が新設ということもあり、ほんとゼロからのクラブづくりに関わった。楽しかったね。ヒマとカネ、カラダはシビアに使ったけどさ。本章の中の写真は、そこで、実際に指導者として関わったり、アドバイザーで絡んだものですよ。今、クラブづくりというと脱学校の傾向が強い。カネ集めや補助金事業に目がいき過ぎる。足元のクラブ文化を再生するという地味な議論が出てこない。ここ十数年、授業もクラブも楽しさや勝つ喜びを優先してやってきたけど、人を育てるという本来の価値をもう一度見直さないと、クラブのつながりとひろがりはいつまでもできないと思うね」

「人を育てる！　うーん、ネオコン？　新保守主義って気がしないでもないですけど」

「本文の一ページ目を書いたのが、二〇〇一年九月十四日の朝。うん、九月十一日の同時多発テロの衝撃映像を見て、こりゃいかん、なにか残さにゃいけん。それから書いて、終えたのが二〇〇二年九月十五日、ほぼ一年、この原稿書いてたんです。アメリカ文化はよーいドンからスタートする更地ぶんどりのチームの文明だったんだね。わが国は文明開化でヨーロッパのクラブを入れるんだが、戦後のアメリカ化でチーム化してしまい、勝ち組負け組づくりを押し進めてしまった。ネオコンこそはその典型だよ。オリジンを重視しつつ、日本らしいベース集団は何か、そこをクラブ文化と新しく言い、その心をストレートに人を育てると、強調したんです」

「人という字は二つの棒の支え合いからきてるんでしょ」

「そう。上の棒が重くなると下をつぶすし、下の棒ががんばりすぎると入りすぎ、立場が逆転する。まっこと人間関係は難しい。がんばる空間の『コートの中』と、がんばらないでよい『コートの外』、その二つを持つ空間、WARMなクラブが世間と世界には大切だというメッセージがこの本なんだな」

「はい。じゃ、私も、ほどほどにクラブがんばりますから」

「いや、やるときはやらにゃあ。死ぬ気でやりんさい！」

［表9］スポーツ政策、プログラムの私的提案一覧

	テーマ	内容	ネック要因
システム・サービス	・行政ルートの再編 ・行政ゾーンの再編 ・行政ブロックの再編	・市町村→県→国（政令市直結ルートの開発） ・県内教育事務所の再構築(社教主事をクラブ主事へ) ・コミュニティー・スポーツからスポーツ・コミュニティーへ ・南北軸（河川）に沿うスポーツ・コミュニティーを ・教育委員会から健康・文化スポーツ局へ ・体協—事業団を統合し、スポーツ協会へ ・スポ審の再編成（社会と学校の区分を越える） ・公組織と民間・商業組織の連携	・上がりすごろく観 ・本庁、出先意識 ・東西＞南北 ・沿岸＞山間 ・タコツボ好き ・親分肌 ・東京志向 ・終身役員

システム・サービス	プログラム・サービス	インフォメーション・サービス
・関係組織のヨコとタテのつながりづくり ・組織の評価	・儀式の再構築 ・試合形式の工夫 ・ルールの工夫 ・打ち上げの工夫	・TV中継を変える ・顕彰制度の工夫
・ヨコ：JOCと日体協、体協と体指協とレク協、文化担当とスポーツ担当、スポ少と子ども会 ・タテ：小─中─高─大、子ども─大人 ・組織を評価する尺度づくり	・開会式の4Kから4Oへ（KATAI, KOMAKAI, KYUKUTSU, KURAI→OORAKA, OMOSIRO, OMOITSUKI, OTEGARU） ・大型イベントのセレモニーの金のかけすぎ ・祝詞は縮詞へ ・開会式、昼休みのマンネリ化を打破 ・トーナメントからリーグ戦へ（上りと下りのトーナメント） ・予選会化しない独自ブロック大会づくり ・レフェリーとプレイヤーの入れ替わり ・ルールは面白くするためのしかけ（ゲッツ─2点野球など） ・「宴に語りを」「早めに乾杯」	・ゲーム中継だけでなく「コートの外」のプログラムを5％はながす ・隠れた指導者の表彰 ・量づくりの指導者の表彰 ・年数経験優先主義の修正
・本家主義	・前例主義 ・暗黙の規制 ・馴れ合い ・日本一主義 ・親組織主義 ・マンネリ化、立場固執 ・腹十分目主義	・部分的合理思考 ・その都度主義 ・評価タブー ・申し送りの形骸化

	テーマ	内容	ネック要因
インフォメーション・サービス	・広聴の大切さ ・会議の活性化 ・視察出張情報の反省 ・仲介手続きの排除 ・情報の美学化 ・メディアよりライブ	・エントリー制の導入 ・笛と大声より、聴く大切さを ・立つから座るスタンスへ ・「一人一言」「会議に笑いを」 ・視察先のマンネリ・観光地化 ・はんこ主義をなくす ・ポスター・通知・資料の工夫 ・あいさつのユーモア化	・慣例主義 ・原案一〇〇%主義 ・万場一致 ・安全主義 ・中身優先主義 ・形式主義
リーダー・サービス	・スポーツ指導者像のイメージアップ ・リーダーのローテーション ・体育教員希望者の方向づけ ・リーダーバンクの見直し	・コーチ、マネージャー、オーナーの独自性 ・コーチングとマネージメントの使い分け ・学会主導のカリキュラムを変える ・受けやすい講習会に変える（カリキュラムよりキャラクター） ・「一声、一汗、もう一杯」「ひきつつまきこむ」リーダーを ・長くやりすぎない「サマランチゼーション」 ・行政職・専門職の早期異動の解消 ・クラブ担当の教員、クラブ主事の設定 ・役所の引き継ぎ工夫	・唯我独尊 ・我が田優先 ・現場と講師のギャップ ・昔の自分を語らない（健忘症） ・精神主義 ・利権 ・周り不信 ・挑戦力欠如 ・業績主義

マネー・サービス	クラブ・サービス
・自主財源増大の工夫 ・事業助成から団体助成へ ・中央団体優先の配分を変える ・金問題のオープン化	・概念の創造 ・サイクルを考えること ・メリットｏｒ理念論 ・数の評価の大切さ ・クラブでクラスを ・多様なクラブづくり
・「気配りから金配り、金もらいから金配り」へ ・クラブは割り勘 ・小口のスポンサーはいっぱいいる ・宴会時のチャリティー募金 ・「一晩一万懇親会」と「年間一万クラブ会費」の軽重と集め方 ・団体の足腰を強化する支援を ・モノの整備、事務局員の予算化 ・基準を作り出す、提示する（費用効用の徹底） ・「受益者負担から自己資金」という言い方	・「クラブ文化」の意識づけ ・「クラブ的学習」の大切さ ・「クラス」→「チーム」→「クラブ」→「アソシエーション」 ・クラブの兄弟化、カップとカップルの価値の並存 ・メリット＝金ではないこと、理念＝大人化の大切さ ・クラブ参加者は17％でなく22％、量から質へ ・一〇〇人、一〇〇万、一ビッグイベント ・何でもありの良いとこ取り ・ＯＢ会、アクティブな体育会、体協こそ日本のクラブ ・クラブの兄弟化と従兄弟化
・補助金制度の伝統 ・金もらい主義 ・ボランティアのアマチュア主義 ・抽象主義 ・名目主義	・発想力欠如 ・無想像力 ・机上の空論 ・役所の業績主義 ・伝統の見直し ・足元の軽視

	テーマ	内容	ネック要因
マネー・サービス		・各種会議の議論の前提に収支の数値を ・サイエンスより一万円 ・保険証の活用	
リサーチ・サービス	・学識委員のリストラ ・コンサルタント問題 ・大学が実験場 ・学会の知を変える ・研究者の幼稚化 ・研究会の立ち上げ ・院生問題	・学識委員の活用化を図る ・アイデア不足、高すぎる ・地元の知を生かす ・ヒト・モノがある大学をセンターにする ・効用性、具体性、立案の知に ・コーディネーター、レポーター化している研究者像を変える ・研究会はクラブの原点 ・アシスタントでなくパートナーへ	・敬遠スタンス ・東京万能主義 ・必要悪観 ・専門どつぼ主義 ・研究力の欠如 ・研究者の社会性欠如 ・論文本数主義
エリア・サービス	・高層化と公庭化 ・芝化の促進 ・アクセスの工夫 ・スタンドの利用 ・トイレに花を ・シャワー室、柔道場の活用	・「コミュニティーの一等地は学校」の再確認 ・体育館の複層化と空き教室のクラブハウス化 ・校庭こそ公庭 ・卒業生による一クラブ一畳プレゼント ・インフォメーションはアクセスづくり ・ガランとしているスタンドを有効利用するスタンドプレーを ・スポーツ施設のデートコース化 ・シャワーまでがプログラム	・教育学部本家主義 ・コトなかれ主義 ・慎重第一主義 ・現場無知 ・ニーズ軽視 ・自分の種目の不可侵

エリア・サービス
・駐車場の活用 ・学校空間の活用 ・休館日の活用
・柔道場で鍼《はり》灸プログラムを ・空きスペースをミニコートに ・ウィークエンドスクールの新設 ・「指導者がスポーツをさせる」から「環境がスポーツをさせる」へ
さ ・発想力欠如 ・規制主義

おわりに

まず、これまでに出会ったクラブの仲間と恩師達に感謝します。神奈川県湯河原町での小学生時代の子ども会のソフトボールチーム、中学時代の軟式テニス部、小田原高校の陸上競技部、東京教育大学の硬式庭球部。キャプテンをすることが多く、その重圧に負け、仲間や後輩に迷惑をかけた。コーチや顧問として関わったときも硬く未熟であった。大学院時代の桐朋女子学園テニス部、広島大学時代のソフトテニス部とトライアスロン部、そして広島市立大学、ゼロから立ち上げたトライアスロン部、水泳部、バドミントン部、マスコミレジャー研究会等々。職場のクラブ員として汗をかいた九州大学と広島大学の教職員テニスクラブ。やっていたのはテニスか酒か、意識は常に混濁状態にあった。

長男と次男がプレイした子ども会のソフトボールチームでの監督体験、保護者体験。「市民参加」「ボランティア」等々のセンスを早くから勉強させてくれた広島クリーンテニスクラブの三十年、さらには、行政と住民の相互作用を軸に多種な人が集まり、一歩も二歩も時代の先をいった広島コミュニティスポーツ研究会、広島スポレク文化研究会、そして現在の広島地域スポーツ研究会。これらはクラブの原点。流行言語を用いれば、公共の言説空間そのものと確信している。

こうしてリストアップしてみると、随分多くのクラブに世話になってきたことに改めて気づかされる。私の五十八年の人生にとり、良い面悪い面ありながらもクラブの重みには圧倒される。皆さんはいかがでしょうか。今の大学生にしてもクラブのときの顔は生き生きして晴れやかである（学内の委員会で就職担当のベテラン職員が「クラブ履歴は就職活動にとりプラス」と明言。嬉しい思いをしたばかりだ）。教職員にしても、好きなクラブに入り、学生と楽しめたら、学内や地域に活気とゆとりがどれだけ戻るだろう。一部のクラブの不祥事を大々的に取り上げるマスコミ、時流に引き回される教育行政により、大部分のクラブが不当に軽視、冷視され、クラブに対する社会の評価や指導者の自信が萎縮し、人を育てるというポジティブな機能を持つ稀少な集団が失速、学校や地域の混迷の原因のひとつになっている。今こそクラブ文化を考えよう、これが本書のメッセージである。

三年前に肺癌をやり、その後暖かくバックアップしてくれている広島市立大学の先生方に感謝します。ゼミの学生諸君に感謝します。調査や講演の機会をずっといただいた体育協会や行政の方々、スポーツ社会学の仲間とみんなのスポーツ全国研究会の会員に感謝します。出版事情が厳しい中、本書を世に出してくれた大修館書店の平井啓允氏、スマートな構成をしてくれた三浦京子さんに感謝します。最後に、家族のみんなに感謝し、終わりといたします。

二〇〇三年四月二十六日〇時二十五分、父母の形見の木机で

●著者紹介
荒井貞光（あらい　さだみつ）
昭和20年神奈川県生まれ。東京教育大学体育学部大学院卒。九州大学助手、広島大学講師・助教授を経て、平成６年から広島市立大学国際学部教授。現在、スポーツ・文化社会学ゼミと大学院修士～博士課程を担当する。
著書に、『リラックスープレッシャーへの挑戦』（訳、ベースボール・マガジン社、1984）、『これからのスポーツと体育』（道和書院、1986）、『「コートの外」より愛をこめースポーツ空間の人間学』（遊戯社、1987）、『生涯スポーツチェック99ーすすんでいますか、おくれていますか』（編著、大修館書店、1991）、『ローテーション社会ー環境・施設・集団つくりビジョン』（第一法規出版、1994）など。
報告書に、「広島市民の文化・スポーツ活動に関する研究レポート」（広島都市生活研究会、1991）、「はつかいちスポーツビジョン21ー生涯スポーツ時代のマスタープラン」（廿日市市教育委員会、1997）、「都市部スポーツ少年団の現状と課題　21世紀への提言」（日本体育協会日本スポーツ少年団、2000）など。

〈連絡先〉Eメール：s-arai@intl.hiroshima-cu.ac.jp
http://www.intl.hiroshima-cu.ac.jp/~s-arai/

クラブ文化《ぶんか》が人《ひと》を育《そだ》てる
ー学校《がっこう》・地域《ちいき》を再生《さいせい》するスポーツクラブ論《ろん》ー

NDC 379　226p　19cm

初版第１刷――2003年６月20日
第２刷――2005年９月１日

著　者――荒井貞光《あらいさだみつ》
発行者――鈴木一行
発行所――株式会社大修館書店
〒101-8466　東京都千代田区神田錦町3-24
電話03-3295-6231（販売部）　03-3294-2357（編集部）
振替00190-7-40504
［出版情報］　http://www.taishukan.co.jp
http://www.taishukan-sport.jp

装丁者――中村友和（ROVARIS）
印刷所――広研印刷
製本所――関山製本

ISBN4-469-26531-4　Printed in Japan